LA MAISON DES JUGES

PIÈCE EN TROIS ACTES

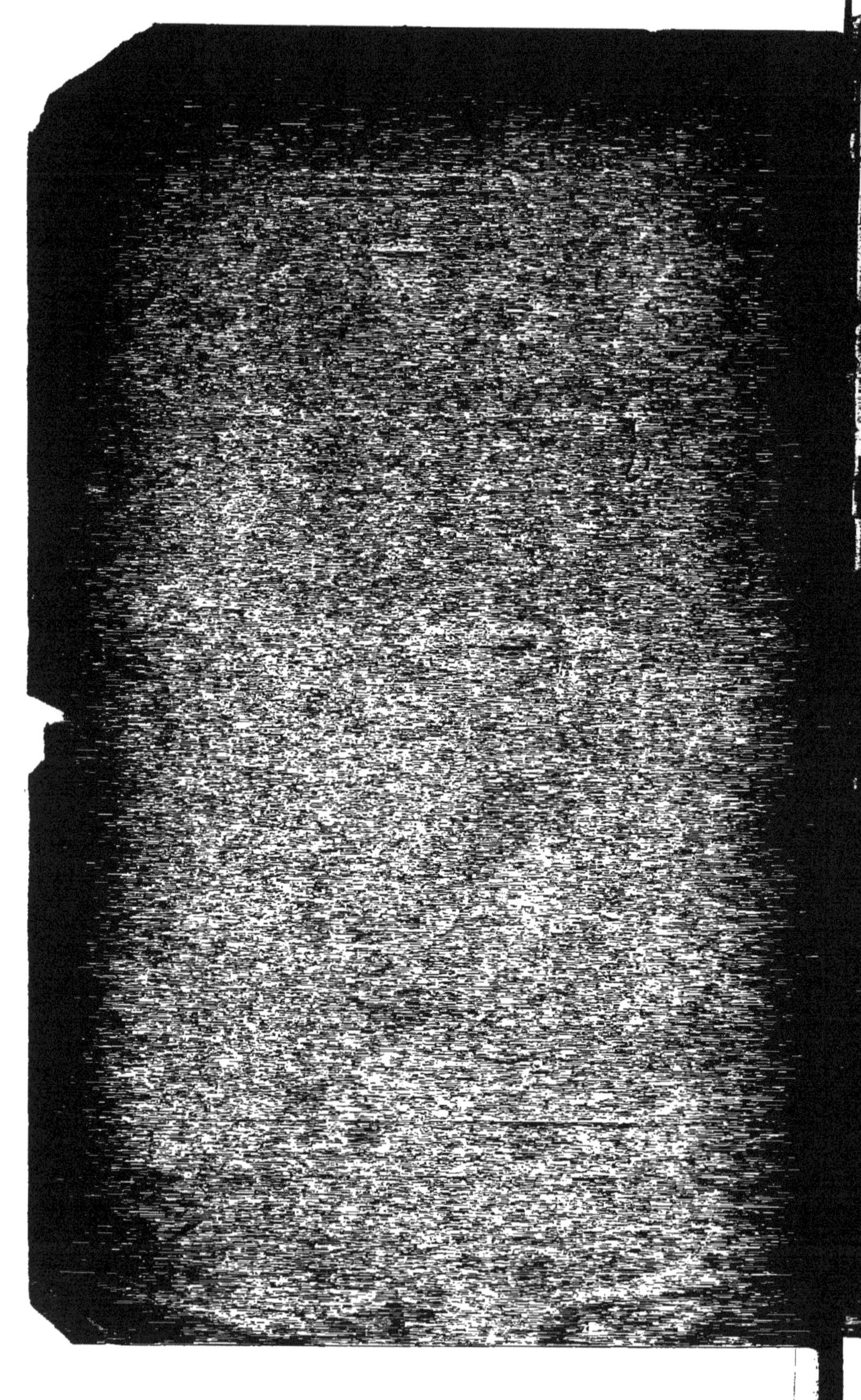

GASTON LEROUX

LA MAISON DES JUGES

PIÈCE EN TROIS ACTES

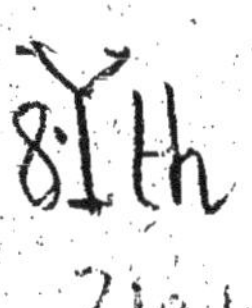

PERSONNAGES

L'ANCÊTRE PÉTRUS LAMARQUE (100 ans).

LE PRÉSIDENT LOUIS LAMARQUE, fils de Pétrus, président de chambre à la Cour de cassation (60 ans).

JEAN LAMARQUE, avocat général, fils de M. le président (35 ans).

MARIE-LOUIS LAMARQUE, procureur de la République à Melun, 2e fils du président (27 ans).

PETIT-PIERRE, fils en bas âge de Jean (8 ans).

LE RÉQUISITEUR GÉNÉRAL (équivalent à procureur général).

LE GRAND RÉQUISITEUR (équivalent à procureur de la République).

LE CONSEILLER LAMBERT.

LE JUGE DE FABER, vice-président de chambre au tribunal correctionnel.

LE JUGE PATÉ, juge au tribunal correctionnel.

LE BATONNIER.

Me AGA, avocat à la cour.

ABEL LEPERRIER, juge d'instruction.

BERNARD, appariteur au barreau de Paris.

BÉATRICE, femme de Jean.

LA BELLE Mme LAMBERT, femme du conseiller Lambert. Cheveux blancs.

NANETTE, vieille servante de la maison des juges.

ACTE PREMIER

Dans un vieil hôtel des quais, à Paris, vaste pièce salon du seizième siècle. A gauche, au premier plan, cheminée, âtre immense et grand feu de bois ; au second plan, porte. A droite, au premier plan, porte ; au second plan, escalier avec rampe et porte. Sur les murs des portraits de juges. Au fond, large baie vitrée. Vision du Palais de justice sous une lune pâle, dans un ciel de gros nuages.

Scène première

NANETTE, puis BERNARD

NANETTE, elle descend l'escalier une lampe à la main ; une vieille horloge sonne neuf heures. Elle dépose sa lampe sur une table près de la cheminée, à gauche. — Neuf heures... (On frappe à la porte du premier plan à droite. Elle va ouvrir. Bernard, un dossier sous le bras, entre.) Tiens ! c'est vous, Bernard, vous venez bien tard, mon ami.

BERNARD. — Bonsoir, dame Nanette. (Montrant son dossier.) C'est une commission pressée.

NANETTE. — Pour qui ?

BERNARD. — Pour M. l'avocat général. Il est ici, M. Jean ?

NANETTE. — Ils n'ont pas fini de dîner... L'audience, ce soir, s'est prolongée, et puis c'est la fête de notre président... Asseyez-vous donc, et posez votre dossier...

Elle avance un siège et lui montre la table.

BERNARD, montrant le dossier. — Non, non, je ne m'en sépare pas. J'ai promis à M. Leperrier.

NANETTE. — Ah ! ça vient de Leperrier ?

BERNARD, serrant toujours ses dossiers. — Je dois le remettre en mains propres à M. l'avocat général sans retard. Je n'ai pas voulu attendre à demain matin.

NANETTE, grincheuse. — Où l'avez-vous rencontré votre Leperrier ?

BERNARD. — Au Palais. Je passais devant son cabinet quand il m'a arrêté et m'a prié de lui rendre ce petit service.

NANETTE, allumant les lampes. — Vous n'avez plus de fierté, Bernard. Je vous ai connu dans un temps où vous n'auriez pas voulu faire les courses des juges d'instruction.

BERNARD. — Oh ! vous me dites cela parce que vous n'aimez pas M. Leperrier, je le sais bien. M. Jean et lui sont toujours fâchés ?

NANETTE, très froide. — Je vais vous l'apprendre, peut-être...

BERNARD. — C'est vrai, tout le monde le sait au Palais, mais ce que tout le monde ignore, c'est la raison...

NANETTE. — Vous allez voir M. l'avocat général tout à l'heure, vous pourrez vous renseigner.

BERNARD, avec un geste de protestation. — Oh !

NANETTE. — Et puisque vous êtes si bien avec M. Leperrier, rien ne vous empêche...

BERNARD. — Ne m'écrasez pas, dame Nanette... Ecoutez bien, ils ont été si amis autrefois... Ils ont fait leur droit ensemble, ils ont débuté au palais ensemble ; quand M. Leperrier venait ici, il était traité par votre président.

NANETTE. — Comme un fils ! Leperrier nous doit tout... Sans nous où serait-il aujourd'hui ?...

BERNARD. — C'est M. le président et M. Jean qui l'ont fait nommer juge d'instruction à Paris, n'est-ce pas ?

NANETTE. — C'est vrai.

BERNARD. — Et, quand M. Jean s'est marié, son amitié pour M. Leperrier n'en a pas été diminuée... (Silence de Nanette.) Il y a quatre ans encore, ils ne se quittaient pas... on rencontrait partout M. Leperrier, M. Jean... et Mme Jean... alors, vous comprenez, on s'est demandé... une si longue brouille...

NANETTE, allant au foyer et tisonnant. — C'est bon ! C'est bon !

BERNARD, d'un air malin. — Pardonnez-moi d'avoir été indiscret.

NANETTE, tisonnant. — Ce n'est pas la première fois. (Elle se relève brusquement et regarde Bernard en face.) Et voulez-vous que je vous dise ? Eh bien, cela m'étonne de votre part, Bernard, quand on a été trente ans comme vous...

BERNARD. — Trente-deux ans et six mois, dame Nanette, ça ne nous rajeunit pas.

NANETTE. — ... appariteur du premier barreau du monde...

BERNARD. — ... Ah ! oui, j'en ai vu passer des bâtonniers...

NANETTE. — ... on doit savoir...

BERNARD. — ... Je crois même que j'en ai vu naître...

NANETTE. — ... on doit savoir tenir sa langue...

Elle fait mine de la lui prendre avec des pincettes.

BERNARD, se défendant. — Dame Nanette, je ne recommencerai plus.

NANETTE. — Vous baissez, mon ami... Quand vous ne serez plus appariteur du barreau, vous pourrez toujours demander la place de concierge du palais, vieux cancanier.

BERNARD. — C'est vrai que je baisse... Il va falloir songer bientôt à la retraite, et ça me fait de la peine... Quitter tous ces chers enfants que j'ai vu grandir, dont j'ai entendu les premiers bégauements. Si vous saviez comme ils sont mignons, dans leur première robe, avec leur petit bonnet. C'est moi qui leur dis le premier : « Mon cher maître » et ils rougissent comme des petits anges... je les habille, je leur apprends à porter correctement l'épitoge, à se bien tenir devant M. le bâtonnier... Je les conduis à la prestation du serment... Ils s'approchent pour la première fois de la barre avec la même dévotion que s'ils allaient pour la première fois à la sainte table... On dirait qu'ils vont encore renoncer au démon, à ses pompes et à ses œuvres...

NANETTE, s'asseyant auprès du feu et tricotant. — ... Comme vous voilà ému, mon pauvre Bernard.

BERNARD. — C'est qu'ils m'aiment bien aussi. N'est-ce pas moi qui les rassure, les pauvres petits, quand ils sont appelés devant le conseil de l'ordre pour des bêtises, pour avoir raté leurs conférences Colonne ? Je leur offre un verre de coco. « Un verre de coco, cher maître » ! et nous trinquons ensemble pour nous consoler... (Un soupir.) Mais parlons d'autre chose de moins triste, dame Nanette. J'ai des nouvelles de l'exécution de Jacquart... Oui, j'ai rencontré cet après-midi, au palais, un journaliste qui était allé à Melun... Il a vu votre jeune procureur.

NANETTE. — M. Marie-Louis ?

BERNARD. — Oh ! il s'agit bien de lui... Le journaliste m'a dit : « Un jeune homme qui a une épaule plus haute que l'autre... » Pauvre M. Marie-Louis ! Quel dommage tout de même qu'il soit difforme. Il aurait fait un si beau juge ! Mais quel âge a-t-il exactement, maintenant ?

NANETTE. — Vingt-sept ans... Il a huit ans de moins que son frère, M. Jean, qui, lui, en a trente-cinq à la saint Michel.

BERNARD. — Et le voilà déjà procureur à Melun ! C'est utile d'appartenir à une vieille famille de magistrats ! Eh bien, vous savez, il n'a pas été brillant, ce matin, M. Marie-Louis !

NANETTE. — Comment cela ?

BERNARD. — Le journaliste m'a raconté qu'il avait fait d'abord le faraud, devant les membres de la presse. Et puis, il s'est trouvé très troublé au moment de l'exécution... Il paraît que, lorsque le couteau est tombé, il a failli se trouver mal ! Il s'est fait reconduire chez lui et n'a plus voulu recevoir personne.

NANETTE. — Songez que c'est sa première tête !...

BERNARD. — Il a dû bien souffrir !

NANETTE, haussant les épaules. — C'est encore un enfant ! Ça ne sait pas...

BERNARD. — Ça n'est pas comme M. Jean, hein ! En voilà un qui connaît son affaire... Vous l'aimez bien, M. Jean ?...

NANETTE, avec fanatisme. — Si je l'aime !...

BERNARD, il prête soudain l'oreille à un bruit sourd et rythmé que l'on entend dans le plafond. — Qu'est-ce que c'est que ce bruit-là ?

NANETTE, elle montre le plafond. — C'est l'ancêtre...

BERNARD. — A cette heure-ci ?

NANETTE. — Oui, il marche !... Tout à l'heure, je suis montée doucement pour voir s'il dormait... Il marchait en frappant le plancher avec sa grande canne... je lui ai dit : « Vous ne vous couchez pas, mon maître ? » Il ne m'a pas répondu. Il est venu à moi, en me regardant bien en face, mais il ne m'a pas vue, car il a continué à marcher... Pendant des heures, il marche dans sa chambre... C'est effrayant... à son âge...

BERNARD. — Vous savez qu'on parle d'une grande fête pour son centenaire... Quand je pense qu'il y a là-haut un homme qui va avoir cent ans... et qui a été grand maître de la Justice sous le procurateur...

NANETTE. — C'était une bien triste époque ; il a fallu tuer beaucoup de monde.

BERNARD. — Croyez-vous que notre époque soit une bonne époque ! On n'est même plus tranquille au Palais de justice. Il n'y a pas seulement un mois voilà ce Tiphaine qui vient apporter sa bombe dans notre chambre des requêtes ? Votre président aurait pu être blessé.

NANETTE. — Ça, c'est vrai ; heureusement, l'échafaud n'est pas fait pour les chiens...

BERNARD. — Tout juste... (Se levant et allant regarder un portrait pendu au mur.) C'est de la vieille peinture, ça, hein, dame Nanette ?

NANETTE. — Oh ! c'est un très vieux portrait.

BERNARD. — Il n'a pas l'air commode, cet homme-là.

NANETTE. — C'est le grand-père de l'ancêtre. Il a été procureur du roi, je ne sais plus duquel... Il y a vingt ans j'aurais pu vous dire leur histoire, à tous, mais maintenant, je suis vieille, et je n'ai guère la tête solide.

BERNARD. — Brrrt !... C'est triste ici... Ces vieux murs ; tous ces juges morts qui vous regardent, et tous les juges vivants que l'on rencontre ; ça sent plus la justice que le Palais de justice !... ce vieillard qu'on entend marcher dans le plafond... et Mme Jean qui a l'air si malheureux... je n'ai pas entendu le son de sa voix depuis quatre ans...

NANETTE, se levant. — Vous la plaignez !... Voici ces messieurs !...

Scène II

LE PRÉSIDENT, donnant le bras à la belle Mme LAMBERT, ils vont s'asseoir au premier plan, à droite. JEAN, s'entretenant avec LE RÉQUISITEUR GÉNÉRAL, PETIT-PIERRE, portant un gros livre sous le bras, Me PATÉ, donnant le bras à BÉATRICE. Il la conduit à un pouf devant la cheminée et s'assied à côté d'elle dans un fauteuil profond, face au public. Béatrice se lèvera presque tout de suite pour s'occuper du service du café, sitôt que, tout le monde étant entré, le maître d'hôtel aura apporté le plateau. Entrent encore en bavardant : Me AGA, M. DE FABERT et M. LAMBERT.

Bernard, ayant ramassé précipitamment son dossier, remonte tout de suite au fond de la pièce avec Nanette.

LE PRÉSIDENT, faisant son entrée avec la belle Mme Lambert. — Non, chère amie, non, nous n'avons pas de nouvelles de Marie-Louis. Nous l'attendions ce soir, c'est la première fois qu'il manque à ma fête. J'aurai certainement une lettre demain... Alors vous voici revenus à Paris tout à fait ?...

Mme LAMBERT. — Grâce à Dieu, mon cher président... Si vous saviez ce que nous nous ennuyions dans ce trou de province... et puis, vrai, vous me manquiez !

Ils s'assoient. La conversation continue à voix basse sur un ton d'intimité marquée.

NANETTE, faisant un pas vers Jean qui est tout à une discussion avec le réquisiteur général. — Monsieur Jean ! Monsieur Jean !...

PETIT-PIERRE, courant à Jean et l'empêchant ainsi de voir Nanette. — Mon papa, puisque c'est la fête de grand-père, n'est-ce pas que je peux me coucher quand je veux ?

JEAN, qui s'est arrêté, mais toujours s'entretenant avec le réquisiteur général. — Oui, oui, Petit-Pierre...

Petit-Pierre va à la table et s'installe devant son livre.

NANETTE. — Monsieur Jean...

JEAN, impatienté. — Qu'est-ce qu'il y a, Nanette ?

NANETTE. — C'est Bernard qui...

Jean aperçoit Bernard.

BERNARD, saluant profondément. — Monsieur l'avocat général ?

JEAN, de plus en plus impatienté. Au réquisiteur général. — Je vous demande pardon, monsieur le réquisiteur général. (A Bernard.) Voyons, que me voulez-vous, Bernard ?

BERNARD, montrant son dossier. — C'est un dossier que M. Leperrier m'a chargé de vous remettre en mains propres, le plus tôt possible...

JEAN, fronçant les sourcils. — Leperrier ! Qu'est-ce qu'il me veut ? (Il prend le dossier avec vivacité des mains de Bernard, y jette un coup d'œil.) Ah ! l'affaire Tiphaine. (Il lance le dossier sur la table.) Vraiment, ça ne pressait pas !

BERNARD. — Mais il paraît que si... monsieur l'avocat général.

Jean. — C'est bien, c'est bien... merci, mon ami... Nanette, je te recommande Bernard...

Il retourne à sa conversation avec le Réquisiteur général.

Bernard, remerciant. — Oh ! monsieur l'avocat général...

Lambert. — Tiens ! Voilà Bernard... Bonsoir, Bernard... Surtout, Nanette, ne lui donnez pas de champagne... il ne supporte que le coco.

Bernard. — Oh ! monsieur le conseiller, j'ai connu un temps où vous veniez trinquer avec moi !... Mais vous n'étiez encore, à cette époque, monsieur le conseiller, que Me Lambert...

Mme Lambert. — Et moi, j'étais la belle Mme Lambert ! Tout passe !...

Le Président. — Bernard, tu dis des bêtises...

Bernard. — Je radote, monsieur le président, aussi, je me sauve...

Il salue profondément et sort avec Nanette.

Scène III

LES PRÉCÉDENTS, moins NANETTE et BERNARD

Me Aga, venant au premier plan, à gauche, avec M. de Faber. — ... Une remise après vacation, mon cher monsieur de Faber, vous ne me la refuserez pas ?...

M. de Faber, jouant avec son binocle et faisant des grimaces. — Nous verrons cela... Mais, dites-moi, Aga, il y a une chose qui m'intrigue. Lorsque vous devez plaider devant moi, pourquoi faites-vous toujours renvoyer l'affaire à la fin de l'audience ?

Aga. — Ah ! pourquoi !... Vous tenez beaucoup à ce que je vous dise pourquoi ?...

De Faber. — Dame !

Aga, il se penche vers M. de Faber avec malice. — Eh bien, c'est à cause de vos digestions... Vous avez des digestions étonnantes, mon président !

De Faber, d'un ton très aigre. — Qu'est-ce que mes digestions ont à faire avec l'heure de vos plaidoiries ? Vous êtes insupportable, maître Aga, et vous allez encore nous gratifier de quelque impertinence... Vous oubliez que nous ne sommes pas au tribunal...

Aga. — Bon, voilà que votre digestion commence... (Il tire sa montre.) Je ne vous parle plus avant une heure du matin...

De Faber. — Tant mieux ! En ce moment, je voudrais vous voir à tous les diables...

Aga. — Je le sais... Vous êtes prêt à me condamner au maximum !

De Faber. — Qu'est-ce que ça veut dire ?

Aga. — Je vous l'expliquerai à la fin de l'audience. Alors vous m'acquitterez !

Le Réquisiteur général. — Avez-vous bientôt fini de taquiner M. de Faber, maître Aga ?

Aga. — Monsieur le réquisiteur général, je voudrais écrire un livre sur le rôle de l'estomac au Palais de justice. Il serait d'un grand secours pour les stagiaires, mes jeunes confrères, qui apprendraient à ne se présenter que vers trois heures de relevée devant les digestions récalcitrantes et au début de l'audience... devant les digestions lourdes et somnifères... Messieurs ! Messieurs ! on a beaucoup médit des juges ! C'est un mal de ce pays de tout dénigrer, mais soyez persuadés que nos juges sont bons ; seulement il faut savoir s'en servir. Ce ne sont pas de purs esprits. S'ils ont tous une conscience égale, ils ont chacun un tempérament différent, et comme le tempérament a la plus grande influence sur la conscience, c'est ce qui explique que, de deux inculpés poursuivis pour des méfaits semblables, devant des juges divers, l'un soit expédié à la Centrale et que l'on puisse rencontrer l'autre, après un glorieux acquittement, au Palais-Bourbon.

De Faber. — Vous, mon petit, vous finirez député!

Aga. — Il faut finir par là pour commencer à être ministre de la Justice ! Accordez-moi ma remise après vacations et dans cinq ans je vous fais conseiller à la cour... Ah !... Messieurs ! Vous avez tort de sourire de théories ignorées des conférences Colonne, mais basées sur une expérience personnelle de vingt ans... Je parle le plus sérieusement du monde et je vous répète que la grande affaire pour le justiciable est de ne point tomber sur le président Faber à l'heure où il aurait tout intérêt à confier son sort au juge Paté... Où est-il, le juge Paté ?... je parie qu'il dort... (Les groupes s'écartent et laissent voir M. Paté qui somnole dans son fauteuil.) Là, que vous disais-je ?... Chut ! Un conseil... ne jamais réveiller le juge qui dort... Prolongez votre plaidoirie jusqu'à la minute du réveil... Ne vous apercevoir de rien... Terminez immédiatement, par ces mots : « J'ai confiance dans la sagesse du tribunal... » Le juge n'est point méchant qui a bien dormi... Mais gardez-vous de le réveiller... car alors ?... Voulez-vous savoir ce qui arrive !... Vous allez voir... (Il prend une chaise, s'assied à côté de M. Paté et lui donne un coup de coude dans les côtes.) Eh bien ! nous acquittons ?...

PATÉ, se réveillant. — Hein ! Oui !... Deux ans !... (Tout le monde rit.) Comme c'est bête !...

Il se lève en se frottant les yeux, remonte au dernier plan, honteux.

Mme LAMBERT, au président. — Aga a raison avec son juge qui digère... il devrait nous parer maintenant du juge amoureux.

LE PRÉSIDENT, souriant. — Je croyais que les juges n'avaient pas de cœur ?

Mme LAMBERT. — Dites-moi, Louis, vous rappelez-vous quand vous m'avez donné l'acquittement de Karl de Morlière.

LE PRÉSIDENT, souriant. — Non, je ne m'en souviens pas...

Mme LAMBERT. — Insolent !

BÉATRICE, une tasse de café à la main. — Madame Lambert, une tasse... je crois que vous l'aimez sans sucre...

Mme LAMBERT. — Merci, mon enfant ! (Elle retient Béatrice.) Mais ne partez pas si vite ! Quelle petite sauvage !

BÉATRICE, se retirant. — M. Paté n'a pas eu son café... Il va se rendormir...

Elle s'éloigne continuant son service.

Mme LAMBERT. — Ces jeunes femmes, ça manque d'équilibre. J'ai connu celle-ci extravagante de vie et de gaieté dans les premiers temps de son mariage et maintenant la voilà morte... Toujours cette vieille histoire avec Leperrier ? Vous m'avouerez que votre fils est ridicule... Si mon mari...

LAMBERT, venant derrière sa femme et le président, il écoute. — Qu'est-ce qu'il a fait votre mari ?...

Mme LAMBERT. — Ah ! vous nous surveillez ! Je disais justement au président, cher ami, que vous étiez le modèle des époux. Quand j'étais jeune, vous me laissiez faire tout ce que je voulais et maintenant vous êtes jaloux comme un tigre !

LAMBERT. — C'est pour vous faire croire que vous avez toujours des amoureux, ma belle !...

Il embrasse les mains de sa femme.

Mme LAMBERT, regardant avec reconnaissance son mari. — On n'en fait plus !... Mais qu'est-ce que votre fils

Jean complote avec notre réquisiteur général ? Ils ne se lâchent pas.

LE PRÉSIDENT. — Ils doivent s'entretenir de la cérémonie que l'on prépare pour l'ancêtre. Vous savez que tout le palais veut défiler sous ses fenêtres le jour de son centenaire...

LE RÉQUISITEUR GÉNÉRAL, *s'avançant.* — Messieurs, je vous annonce que le gouvernement a résolu d'organiser officiellement la fête que les amis et les admirateurs de Petrus Lamarque avaient projetée pour le jour de son centenaire. Tous les corps qui appartiennent de près ou de loin à la justice et à la basoche, tiendront à honneur de venir, dans quelques jours, saluer l'illustre vieillard...

PETIT-PIERRE. — Ils seront au moins mille, hein, papa ?

JEAN. — Tais-toi, Petit-Pierre !...

LE RÉQUISITEUR GÉNÉRAL. — M. le grand réquisiteur et moi, nous nous réjouissons doublement de cette décision des ministres, d'abord, parce que nous sommes depuis de longues années les amis de la maison des juges, ensuite parce qu'il est bon que, dans ces temps où l'anarchie...

DE FABER. — Parfaitement !

Me AGA, *à de Faber.* — Vous ne savez pas ce qu'il va dire...

DE FABER, *rageur.* — Vous ! Allez donc plaider pour les anarchistes !...

LE RÉQUISITEUR GÉNÉRAL, *regardant sévèrement de Faber qui l'a interrompu.* — ... où l'anarchie apporte sa bombe jusque dans le Palais de justice, une manifestation semblable vienne glorifier celui qui a su toujours, dans les circonstances les plus difficiles, faire respecter les lois...

TOUS. — Bravo ! Bravo !

Me AGA, *allant serrer les mains du président.* — Bravo, pour la maison des juges ! mon président ! Cependant, *(Se tournant vers le grand réquisiteur.)* si je m'associe entièrement à la joie de M. le grand réquisiteur, je crois de mon devoir de faire une légère restriction quant à l'allusion qu'il s'est permise relativement à la bombe de mon client...

LAMBERT. — Comment ! c'est encore vous qui plaidez pour celui-là. Je croyais qu'il ne voulait pas d'avocat.

De Faber, hargneux. — Il plaide pour tous les anarchistes !...

Me Aga. — Justement, ce n'est pas un anarchiste... Et voilà pourquoi je proteste respectueusement contre les paroles de M. le réquisiteur général. La bombe de mon client n'est pas une bombe anarchiste, du moins à ce qu'il m'a dit... Tiphaine n'a pas voulu venger la société en déposant sa bombe à la chambre des requêtes. Avant tout il se serait vengé lui-même.

De Faber. — De quoi ?

Me Aga. — Je n'en sais rien... mais allez le demander à M. Leperrier, qui l'a interrogé à fond cet après-midi. Peut-être le sait-il ? Moi, je l'ignore encore, je me suis fait remplacer à l'interrogatoire par mon secrétaire. J'en ai assez de ces séances-là. Ce Tiphaine est têtu comme une mule et muet comme une carpe.

Le Président, à Jean. — Mais, n'est-ce pas toi qui dois « occuper » en cour d'assises ?

La belle Mme Lambert quitte sa place auprès du président et va rejoindre Béatrice avec laquelle elle a un bavardage affectueux.

Jean. — Oui, mon père, l'affaire me revient. Elle sera plaidée bientôt du reste. Et je viens de recevoir un dossier qui le concerne.

Il montre le dossier qu'il a jeté sur la table.

Me Aga, s'avançant vers le dossier. — Tout le secret de Tiphaine est peut-être là !

Jean, indifférent. — Peut-être !...

Lambert. — Ce sera un beau procès pour vous, mon cher Jean.

Me Aga. — ... Et l'occasion d'être encore malmené par ces partis d'opposition. Savez-vous, mon cher avocat général, qu'il vous faut un vrai courage ! Vous en ont-ils assez voulu après le procès des trente-cinq ! Vous en avez fait condamner trente-quatre. C'est admirable !

Lambert. — Qu'a-t-on fait du trente-cinquième ?

Me Aga, avec une suffisance affectée. — ... C'était mon client ; on l'a acquitté.

M. de Faber. — Parce qu'il vous a empêché de parler !

Le Réquisiteur général. — Nous aurons du mal avec Tiphaine... En somme, son attentat a raté. L'engin a blessé un garde municipal et défoncé un mur... Et puis, Tiphaine n'a voulu faire sauter que des juges, et vous savez que les juges ne sont pas sympathiques,

Mme LAMBERT, interrompt sa conversation avec Béatrice. — Eh bien, M. le réquisiteur général, vous êtes charmant pour notre pauvre président, qui en était, lui, de ces juges, et le plus menacé...

LE RÉQUISITEUR GÉNÉRAL. — Vous savez que vous serez appelé comme témoin, mon cher président !...

LE PRÉSIDENT. — Oui... j'ai aperçu l'accusé ; il me regardait avec des yeux de fou... je ne lui ai pourtant rien fait ! C'est un pauvre halluciné !... Il bénéficiera des circonstances atténuantes...

JEAN. — Mais, mon père, avec une pareille façon de voir, il n'y a plus de justice possible.

Mme LAMBERT. — Je l'ai toujours dit : le président vole son pain.

LE RÉQUISITEUR GÉNÉRAL. — Voilà une clémence embarrassante. Nous aurons déjà assez de mal à arracher aux jurés une condamnation sérieuse... Ah ! si au lieu de déposer sa bombe au palais il l'avait jetée dans la foule anonyme et bourgeoise d'un café ou d'une promenade publique !... Mais, tuer un juge, n'est-ce pas toujours venger quelqu'un?... (Allant prendre congé du président et de Jean.) Je vous demande pardon... il faut que je vous quitte, j'ai à travailler ce soir. Je puis aller présenter mes hommages à l'Ancêtre ?

LE PRÉSIDENT. — Mais oui, monsieur le réquisiteur général, Béatrice va vous accompagner...

LE RÉQUISITEUR GÉNÉRAL, à Jean. — Je ne pense pas que vous ayiez sa tête, mais vous pouvez toujours la demander...

JEAN. — C'est mon devoir, monsieur le Réquisiteur général.

Le Réquisiteur général sort avec Béatrice par le petit escalier.

Mme LAMBERT, à son mari. — Vous oubliez qu'on nous attend...

LE PRÉSIDENT. — Comment, vous nous quittez déjà ?

Mme LAMBERT. — Oui, nous avons rendez-vous pour aller à une répétition générale...

LE PRÉSIDENT. — A cette heure !... Eh bien, vous arriverez à temps !...

LAMBERT. — Oh ! nous serons encore en avance. Rideau à minuit.

Me AGA. — Mais c'est à Montmartre ! La revue, hein ! J'en suis ! (A M. Paté.) Venez donc avec nous, ça vous réveillera. (A M. de Faber.) Laissez-vous tenter, ça vous égayera...

De Faber. — Vous n'y pensez pas ! Ce serait un scandale ! A Montmartre !

Me Aga. — De quoi ?... Vous ne savez pas qui j'ai rencontré avant-hier au « Chat Mort » ?... Plastron ! Le président de la Chambre des mises en accusation... avec une cliente à moi...

De Faber. — Je comprends ça... elle n'avait pas confiance en son avocat ; elle prenait ses précautions avec son juge...

Me Aga, à Paté. — Quelle rosse !... Allons ! à Montmartre ! (Il fait ses adieux à Jean, à Béatrice, au président.) Vous ne venez pas, mon président ? (Signe de protestation du président.) Eh bien, c'est décidé !

A M. de Faber.

De Faber. — Qu'en dites-vous, Paté ?

Paté. — Je dis que du moment que Mme Lambert elle-même...

Mme Lambert, embrassant Béatrice qui est revenue. — Merci, Paté ! (A Béatrice.) Il faut venir me voir, ma petite... Envoyez-la-moi, mon président.

Le président lui baise la main.

Me Aga, il prend de Faber sous le bras. — Et puis, vous pourrez souper à quatre heures du matin sans commettre un crime, vous n'avez pas audience demain... A Montmartre !...

Il sort en fredonnant un refrain de Montmartre. Les Lambert, Me Aga, M. de Faber, M. Paté sortent par la porte du dernier plan à gauche. Le président les accompagne, puis rentre. On entend les voix qui chantent en sourdine, dans la coulisse, un refrain de Montmartre.

Scène IV

LE PRÉSIDENT, JEAN, BÉATRICE, PETIT-PIERRE

Jean. — Allons, Petit-Pierre, il est temps d'aller se coucher.

Petit-Pierre, montrant une image de son livre. — Mon papa, qui est celui-ci ?

Jean, regardant l'image. — C'est Pierre Séguier, qui fut avocat général sous Henri II, puis président à mortier.

Petit-Pierre. — Et celui-ci ?

Jean. — C'est Antoine Séguier, son fils. Et voici

d'autres membres illustres de cette illustre famille de magistrats.

PETIT-PIERRE, continuant à feuilleter le livre. — Et celui-ci? Dites-moi encore, mon papa, qui est celui-ci?

JEAN, mettant son fils sur ses genoux. — Antoine, Jean Mathieu, baron de Séguier. Il est bien connu! Tu sais bien, mon Petit-Pierre, c'est lui, auquel le roi demandait un service, dans un procès, et qui répondit...

PETIT-PIERRE. — Attends, attends, mon papa! Je vais dire ce qu'il a répondu : « La cour rend des arrêts et non pas des services. »

JEAN, remettant son fils sur ses pieds. — Tu comprendras un jour la grandeur de cette parole, Petit-Pierre.

LE PRÉSIDENT, il causait au dernier plan avec Béatrice. — Oh! c'est encore lui, ce baron, si mes souvenirs sont exacts, qui, après avoir exprimé à l'empereur, chaque fois que l'occasion s'en présentait, ses sentiments de dévouement inaltérable et d'admiration sans bornes, s'empressa de déposer en 1814, aux pieds de Louis XVIII, l'hommage de sa fidélité à toute épreuve!

JEAN. — Qu'importe qu'il ait été magistrat sous l'empire ou sous la royauté, ou sous la domination du procurateur, ou sous la République, s'il n'a servi que sa conscience!

PETIT-PIERRE. — C'est beau, dis papa, tant de magistrats dans une famille? Nous aussi, nous sommes une grande famille de magistrats!...

JEAN. — Sois-en fier, mon Petit-Pierre, et souviens-toi toujours, quand tu seras tenté de faire mal, que tu appartiens à une maison qui punit les fautes, mais qui n'en commet pas!... (On entend le bruit que fait l'ancêtre en marchant.) Est-ce que l'Ancêtre n'est pas encore couché? Entendez-vous?

LE PRÉSIDENT. — Je ne sais ce qu'il a depuis quelque temps à marcher ainsi nuit et jour. Le réquisiteur général qui descendait de chez lui m'a dit qu'il ne l'avait jamais vu aussi vivant.

PETIT-PIERRE. — Dis-donc, mon papa, à quoi pense-t-il, l'Ancêtre, quand il marche?

JEAN. — Il pense qu'il a été le plus grand juge de la terre. Il faut bien l'aimer, Petit-Pierre.

PETIT-PIERRE. — Je l'aime, mais il me fait peur... Moi aussi, je veux être un jour un grand juge, et tu vois, je ne ris jamais.

Le Président. — Allons ! viens embrasser l'Ancêtre avec moi, qui ne suis pas un grand juge, puisque je ris toujours.

Jean, qui a ouvert le dossier sur la table. Arrêtant son père. — Vous savez quel est ce dossier que m'a apporté Bernard ?

Le Président. — Puisqu'il vient de Leperrier, j'imagine que ce sont quelques pièces relatives à l'affaire Tiphaine...

Jean. — Oui... mais figurez-vous qu'il y a là, épinglée, une lettre de Leperrier. Je reconnais son écriture.

Béatrice qui s'était assise au coin du feu avec un livre relève la tête.

Le Président. — Elle t'est adressée ?

Jean. — Oui, à M. l'avocat général Jean Lamarque.

Le Président. — Eh bien, décachète et lis.

Jean. — Vous ne sauriez croire combien cela me répugne...

Le Président. — Quel homme étrange tu fais !... Une affaire de service... quelque communication.

Jean. — Vous avez raison. (Il décachète la lettre qui se trouve dans le dossier. Lisant :) « Monsieur l'avocat général, j'ai l'honneur de vous faire parvenir certaines pièces du dossier Tiphaine. Puisqu'il est certain que vous devez occuper dans l'affaire, elles seront pour vous d'un intérêt tout spécial. C'est contrairement aux usages que je vous communique ces pièces avant la clôture de mon instruction, et sans que vous me les ayez demandées... »

Le Président. — Où veut-il en venir ?

Jean, continuant à lire. — « ... Mais quand vous en aurez pris connaissance et plus particulièrement quand vous aurez lu la copie du dernier interrogatoire auquel j'ai soumis l'inculpé, cote 172, vous excuserez la liberté que j'ai cru devoir prendre au nom d'une ancienne amitié... » (S'interrompant et froissant la lettre, d'une voix sourde.) Qu'est-ce que cela veut dire ?

Le Président. — Mais regarde donc !...

Jean. — Tout le dossier est sous enveloppe...

Le Président. — Fais sauter l'enveloppe !... Tiens, passe-moi tout ça !... (Il feuillette le dossier.) Cote 172... 172... 172... 20 décembre, c'est cela... (Lisant :) « Tiphaine est introduit. Demande : Êtes-vous enfin décidé à me dire votre véritable nom ? — Réponse : Je m'appelle Jules-Alfred-Louis Tiphaine. Il est vraiment étrange que ce nom de Tiphaine, à vous autres, juges, ne vous rappelle rien et que vous ayez perdu le souvenir du plus abominable des crimes. — Demande : De quel crime parlez-vous ?... — Réponse : D'un crime judiciaire qui a fait tomber trois têtes. — Demande : Quelles têtes ?... — Réponse : Mais les têtes des frères Tiphaine ! »

PETIT-PIERRE. — Oui, oui, mon papa. Les frères Tiphaine, c'est dans l'histoire de France...

JEAN. — Ah ! l'affaire des frères Tiphaine... Mais alors, c'est l'Ancêtre...

LE PRÉSIDENT. — Chut !... (Lisant.) « Demande : Seriez-vous donc un descendant de ces trois frères Tiphaine qui moururent sur l'échafaud pour avoir tenté d'assassiner le procurateur ? — Réponse : Il n'y a point d'assassins dans notre famille, monsieur, ni assassins, ni juges. Il y a trois jeunes gens qui eurent la tête tranchée parce qu'ils avaient prononcé trop haut le nom de « Liberté »... Je suis le petit-fils de l'aîné de ces trois martyrs. Mon père est mort de faim ; moi, je demande à mourir comme le père de mon père... de l'échafaud ! »

JEAN, se promenant dans une grande agitation puis s'arrêtant soudain et haussant les épaules. — Un fou !... Un fou ! Quel style !... Quelle déclamation stupide ! et c'est cela que Leperrier...

LE PRÉSIDENT, continuant à lire. — « Demande : Ceux que vous appelez des martyrs ne furent même pas des condamnés politiques, mais des bandits de droit commun. — Réponse : Je sais qu'ils ont été jugés comme tels par ordre du grand maître de la Justice, Petrus Lamarque, auquel on avait promis les honneurs du tribunat et la grand'croix du procurateur. »

JEAN. — Un fou ! ferme ce dossier ! ferme ce dossier !

LE PRÉSIDENT. — Tu as raison ! Que nous font ces infamies ?

JEAN. — Et pourquoi nous les apporte-t-on ici ? (Il sonne. Nanette entre. Il lui dit en lui tendant le dossier.) Tu vas courir chez Bernard. Remets-lui immédiatement ce dossier ; qu'il le remporte sans tarder au domicile de M. Leperrier. Qu'il le lui remette en mains propres et qu'il ait soin de lui dire que je le dispense désormais de ses outrageantes communications. (Elle prend le dossier et disparaît.) Abel Leperrier ! Il y a quatre ans qu'on n'a entendu ce nom ici, ou qu'on le prononçait si bas...

Il regarde Béatrice.

Le Président. — Jean !... (Il lui montre Petit-Pierre.) Embrasse ton père, Petit-Pierre, et viens te coucher. (A Jean.) Nous reparlerons à loisir de cette affaire, demain matin, Jean.

Petit-Pierre va embrasser son père et rejoint le président près de l'escalier.

Le Président. — Eh bien, tu n'embrasses pas ta mère !

Petit-Pierre va à Béatrice et lui tend froidement son front.

Béatrice, serrant son enfant dans ses bras, lui dit à demi-voix. — Tu ne m'aimes donc plus, Petit-Pierre ?

Petit-Pierre. — Papa m'a dit que vous n'aimiez pas les juges...

Le président et Petit-Pierre sortent par l'escalier.

Scène V

JEAN, BATRICE

Béatrice, faisant un pas vers son mari qui se dispose à quitter la pièce. — Jean...

Jean. — Béatrice...

Béatrice. — Petit-Pierre ne m'aime plus !

Jean. — Vous vous l'imaginez.

Béatrice. — Jean, vous me haïssez trop et vous m'avez rendue si malheureuse que je ne vous aime plus ! Et cependant, comme vous me l'avez imposé, comme vous m'y avez condamnée, je suis restée ici.

Jean. — Il y allait de votre honneur et de l'honneur de cette maison.

Béatrice. — Mon honneur ne m'a été cher qu'autant que vous avez bien voulu y croire. Et quant à cette maison, son honneur ne m'occupe que parce qu'il appartient à mon fils. C'est donc pour l'honneur de mon fils, Jean, et aussi pour son amour, la seule chose qui me restait au monde, que j'ai subi votre volonté.

Jean, avec amertume. — C'était d'une bonne mère !

Béatrice. — Vous vous êtes cruellement méfié de la mère...

Jean. — C'est vrai.

Béatrice. — Je n'avais pas besoin de votre aveu, hélas ! pour m'apercevoir de ce que vous faisiez de mon fils.

Jean. — Et quoi donc ?

BÉATRICE. — Un ennemi de sa mère... Ne protestez pas !... Vous savez bien que c'est la vérité ! Par instants, je le surprends à me regarder d'un air si grave qu'il semble m'accuser et je n'ose l'interroger de peur d'apprendre par quelle cruelle machination vous me fermez son cœur.

JEAN. — Béatrice, je vous assure... Petit-Pierre est très sérieux pour son âge.

BÉATRICE. — Il est si sérieux, Jean, qu'il ne m'embrasse plus. Encore, tout à l'heure, là, devant vous, si son grand-père n'avait montré pour moi quelque pitié, je n'aurais pas eu ce soir le baiser de Petit-Pierre. Après avoir compté ses sourires, j'en suis réduite à mendier ses baisers... si bien que, le voyant aussi loin de moi, voilà que j'ai peur...

JEAN. — De quoi avez-vous peur ?

BÉATRICE. — De m'éloigner de lui comme il s'éloigne de moi... Vous m'avez tellement changé mon fils que je ne le reconnais pas et... que je ne me reconnais plus... c'est comme si je l'avais perdu depuis longtemps déjà... et je sens que si vous ne venez à mon secours, je cesserai de le pleurer bientôt... (Jean et Béatrice restent un moment silencieux.) Je n'ai plus de mari, je n'aurai plus d'enfant. Vous avez voulu que je cesse de vous aimer, Jean, quand je n'aimerai plus mon fils que me restera-t-il ?... Vous ne dites rien.

JEAN. — A quoi bon parler de tout cela, ressusciter le passé ? Je n'y veux aucune allusion.

BÉATRICE. — Ne trouvez-vous point que j'aie assez souffert ?... Vous voyez comme je me fais humble et petite... Je vous dis que j'ai peur de ne plus aimer mon fils ! Notre enfant, Jean ! Vous qui pouvez tout, qui commandez à sa jeune intelligence, ne l'empêchez donc pas d'aimer sa mère... Je vous supplie encore une fois, comme une coupable...

Tout ceci doit être dit avec la plus grande simplicité.

JEAN, sans colère. — ... Que vous êtes...

BÉATRICE. — Non ! (Jean et Béatrice se regardent longuement.) Non ! Non ! Non !

JEAN. — En vérité ! Est-ce que nous allons reparler ?...

BÉATRICE. — Est-ce que vous avez espéré que je ne protesterais plus ?

JEAN, presque avec douceur. — J'ai cru qu'un jour viendrait où, vous étant repentie, vous avoueriez, Béatrice.

BÉATRICE. — Ah ! l'aveugle ! le triste, le misérable aveugle que vous êtes ! Depuis quatre ans vous n'avez pas changé... Je vous retrouve les yeux aussi fermés que le jour où vous m'avez condamnée !... Et cependant vous devriez être habitué à démêler le vrai du faux... et vous savez combien il faut se méfier des apparences !

JEAN. — Oh ! les apparences...

BÉATRICE. — Elles ont été contre moi. Je sais que j'ai été légère et même coquette... mais j'étais si jeune !... Je ne connaissais que ma volonté et que ma joie... et que mon honnêteté... C'est vrai ! il y a eu des coïncidences... de tristes coïncidences !...

JEAN. — C'est assez, Béatrice... c'est assez !... Vous m'avez déjà dit tout cela...

BÉATRICE. — Mais oui ! je vous ai dit tout cela... Qu'est-ce que vous voulez que je vous dise ?... Est-ce donc ma faute si vous avez trouvé chez lui des objets qui m'appartenaient et qu'il m'avait dérobés ou qu'on avait peut-être portés chez lui à son insu ?... Pourquoi pas ? Tout vous a égaré... des lettres anonymes... la basse dénonciation d'une domestique...

JEAN. — Nanette !... Cette domestique est une amie fidèle... elle nous a élevés, elle a été presque une mère pour Marie-Louis et pour moi.

BÉATRICE. — La basse dénonciation de votre Nanette... tout est venu vous apporter la certitude que je vous avais trompé... et j'étais innocente. Je vous l'ai crié et vous ne m'avez point crue, parce que vous disiez avoir vos preuves et que nier ces preuves, c'était nier l'évidence et la possibilité d'atteindre à l'évidence... est-ce que je sais ? Mais quelle besogne de justice faites-vous donc au tribunal si vous êtes incapable de reconnaître l'accent de vérité dans le cri que l'on pousse vers vous et la pureté dans les yeux qui vous regardent !

JEAN. — J'ai entendu d'autres cris que les vôtres, Béatrice, et j'ai appris...

BÉATRICE. — Et mes yeux ? As-tu vu des yeux plus innocents que les miens !... En connais-tu de plus purs ?... (Désespérée.) Tu ne me crois pas encore ! Je te jure, Jean, que je n'ai jamais aimé Abel Leperrier...

JEAN. — Assez ! Assez ! ne prononcez pas ce nom !

BÉATRICE. — Ce n'est pas moi qui l'ai prononcé pour la première fois, ce soir... mais, puisqu'on a nommé cet homme ici, je veux te dire encore que je ne l'ai jamais aimé !

JEAN. — Je vous assure, Béatrice, qu'il vaut mieux vous taire sur tout ceci, car vous parleriez un siècle que je ne vous croirais point.

BÉATRICE. — Savez-vous que voilà une chose tout à fait effrayante ? Une femme innocente est entre deux juges... L'un, son mari, l'accuse d'être la maîtresse de l'autre et l'autre est incapable de démontrer au premier qu'il n'est point son amant ! Innocente, entre deux hommes dont le métier est de chercher la vérité partout où elle se cache, et voilà que de leur rencontre résulte ma condamnation !... Ce serait à mourir de rire de votre justice, si elle ne m'avait fait tant pleurer ! Ainsi, vous me voyez chaque jour. J'ai partagé votre lit. Vous m'avez regardé vivre, vous avez écouté mon sommeil. Vous avez pénétré dans ma pensée. Vous avez occupé mon cœur. Je suis un morceau de vous. Vous devriez me connaître comme vous-même, et cependant, vous m'ignorez tellement que votre erreur a fait de moi la plus triste victime !... J'ai dû vivre des années avec la haine de mon mari et l'indifférence de mon fils dans la maison des juges, au milieu de l'hostilité de ces murs, sous les pieds de ce vieillard qui ne dort jamais, et je suis innocente ! (Jean s'est laissé tomber dans un fauteuil, la tête dans les mains. Béatrice en prononçant les dernières phrases est arrivée contre la fenêtre. Elle regarde les tours, illuminées par la lune, et après un silence, dit :) Ah ! le Palais de justice...

Elle sanglotte.

Scène VI

JEAN, BÉATRICE, MARIE-LOUIS

BÉATRICE, apercevant la première Marie-Louis qui pousse la porte de gauche, dernier plan. — Marie-Louis !

JEAN, affectueusement. — Ah ! c'est toi, Marie-Louis. Pourquoi sommes-nous restés si longtemps sans te voir ?

MARIE-LOUIS, il est en costume de voyage. Il porte une longue pelisse qui dissimule un peu une difformité d'épaules. — Je ne sais pas.

JEAN. — Comment ! Tu ne sais pas ! Serais-tu malade ?

MARIE-LOUIS. — Oui.

BÉATRICE, inquiète. — Vous souffrez ?

JEAN. — Pourquoi ne nous as-tu pas prévenus ? Qu'as-tu ?

MARIE-LOUIS. — Oh ! Je ne suis bien malade que depuis ce matin.

JEAN. — C'est ce matin qu'on a exécuté Jacquart, à Melun ?

MARIE-LOUIS. — Oui, à six heures, devant la porte du cimetière.

JEAN. — Es-tu malade de cela ?

MARIE-LOUIS. — Oui.

JEAN. — Ce Jacquart avait assassiné une vieille femme.

MARIE-LOUIS. — Ce Jacquart avait dix-neuf ans et c'est épouvantable de se dire qu'on a fait tomber une tête de dix-neuf ans !

JEAN. — Je crois qu'il est encore plus affreux de se dire qu'il y a des assassins de cet âge !... Remets-toi, Marie-Louis. Ton émotion du reste est toute naturelle. C'est la première fois, n'est-ce pas, que tu réclames la peine capitale et que tu l'obtiens ?

MARIE-LOUIS. — Oui, une première tête... Ma première tête !... Je ne suis réellement magistrat que depuis ce matin...

JEAN. — Oh ! Marie-Louis ! Comment peux-tu plaisanter avec une chose aussi terrible ?...

MARIE-LOUIS. — Plaisanter ! Ah ! Dieu m'est témoin... Regardez-moi et dites-moi si j'ai la mine d'un homme qui plaisante. Tu ne vois donc pas que j'ai peur !...

JEAN. — Peur de quoi ?... des fantômes ?...

MARIE-LOUIS. — Oui, c'est cela... (Il se lève.) des fantômes ! Oh ! ne souris pas !... (Il va à Béatrice.) Savez-vous, Béatrice, pourquoi je suis venu ici, ce soir !... Je vais vous le dire, à vous, et vous ne sourirez pas !... Parce que j'avais peur de passer la nuit, tout seul, dans ma petite maison de Melun...

BÉATRICE. — Mon pauvre ami...

MARIE-LOUIS. — Oh ! oui, plaignez-moi...

JEAN. — C'est de l'enfantillage !...

MARIE-LOUIS, il revient à Jean. — Eh ! non ! C'est de la peur !... Il faut que je te dise qu'il m'est arrivé quelque chose de terrible avec cet enfant que j'ai fait guillotiner ce matin... Toi qui es si fort, si sûr de toi, si maître de ta conscience, Jean, écoute-moi, écoute-moi bien !

JEAN. — Parle, Marie-Louis.

MARIE-LOUIS. — Voici. La nuit dernière, après m'être entendu sur l'heure et le lieu avec l'exécuteur des hautes œuvres, je montai dans ma chambre.

JEAN. — Où t'attendait ta maîtresse.

MARIE-LOUIS, avec un mouvement brusque. — Je n'ai pas de maîtresse, Jean, mais comment sais-tu cela ? De fait, une femme était dans ma chambre.

JEAN. — Je sais que, depuis quelque temps, tu mènes une vie joyeuse !

MARIE-LOUIS. — Joyeuse ! Ah ! tu as des mots malheureux ! Je n'ai jamais été aussi triste que depuis que je mène cette vie-là. Oui, c'est vrai, je n'ai pas une maîtresse... j'ai depuis quelque temps des maîtresses... (Avec ironie.) Ne suis-je pas d'un âge à me distraire ?... J'ai besoin de beaucoup de distraction... Et puis... et puis. (Avec une grande amertume.) Vois-tu... je suis toujours étonné... Oh ! je veux te dire cela pour que tu regrettes amèrement d'avoir fait allusion à cette chose... et que tu ne m'en parles plus jamais... je suis toujours étonné de trouver une femme dans mon lit...

Il se cache la figure de ses mains.

JEAN, se levant et lui prenant la main. — Marie-Louis... pardon !

MARIE-LOUIS, reprenant son récit. — Je montai donc dans ma chambre. Ma maîtresse, comme tu dis, une femme que j'avais fait venir de Paris pour cette nuit-là, dormait. N'est-ce pas étrange, Jean, que j'aie voulu avoir dans mon lit, à l'heure où je m'apprêtais à faire tomber la tête d'un homme, cette fille. Non, Jean, non, ce n'est pas étrange. Je croyais alors que c'était de la forfanterie, c'était encore de la peur ! Je ne la réveillai point. Quelle nuit ! Car je songeais à la nuit de l'autre, et je me l'imaginais les yeux grands ouverts, dans les ténèbres, comme les miens... Dehors, dans le silence de toutes choses, le vol des heures venait frapper d'un même coup d'aile, aux fenêtres de ma chambre et aux vitres de sa cellule. Il me semblait que ma pensée habitait son cerveau et que c'était moi qui avais la terreur de mourir ! Et cette femme, à côté de moi, dormait. Oh ! dormir ! Je n'osais même plus fermer les yeux. Je vis venir à moi, par la fenêtre de la chambre, un rayon de lune. La pâle et triste lumière !... Elle gravit insensiblement notre couche et, dans le moment que je me retournais vers cette femme, qui respirait si paisiblement à mes côtés, le rayon lunaire l'éclairait si fantastiquement qu'il l'avait décapitée !... Oh ! je sais bien, Jean, je sais bien qu'il y a de quoi rire, pour de vieux magistrats qui ont l'habitude...

JEAN, *très affectueusement.* — Non, Marie-Louis, je ne rirai pas.

MARIE-LOUIS. — J'ignore comment sont tes nuits d'exécution, mais je ne te souhaite point une nuit comme celle que je viens de passer... Écoute, écoute, car je ne t'ai encore rien dit. Je vis cette tête dans la nuit et je poussai un grand cri... Ma maîtresse se réveilla, me demanda ce que j'avais, et je partis à rire. Il devait être cinq heures du matin. Je m'habillai. En bas, on frappait à ma porte. J'allai ouvrir. C'étaient des journalistes venus de Paris pour l'exécution. Je leur offris l'hospitalité. Je mis des bouteilles sur la table. Nous avons plaisanté et, ma foi, je riais plus fort que les autres. Nous bûmes, nous trinquâmes à ma première tête, et je pris congé, pour courir à la prison. Oh ! mon frère ! Cet enfant qui allait mourir était plus calme et resta plus maître de lui que l'homme qui venait lui annoncer sa mort prochaine. Il me dit qu'il se repentait et il exprima la dernière volonté de rester seul un instant avec moi : « Monsieur le juge, fit-il alors, vous pensez bien que je ne vais point mentir devant l'échafaud. Vous avez prétendu dans votre réquisitoire que j'avais des mœurs infâmes et que j'avais perverti mes petits camarades. Vous vous êtes trompé, monsieur le juge. J'ai tué, mais je n'ai pas fait cela ! » Oh ! mon frère ! mon frère ! On n'a peut-être refusé les circonstances atténuantes à cet enfant qu'à cause de cela, et sa tête n'a roulé ce matin que sur ma fausse allégation. Non ! non ! je n'avais point la preuve de cette détestable perversion, je n'avais que de faibles présomptions et emporté, par le caractère de ma magistrature, j'ai affirmé !... Et sa tête... toute ma vie je verrai sa tête... Quand elle était encore sur ses épaules, sur le cou tout nu, quand elle embrassait le Christ avec transport... Quand elle me regarda une dernière fois... et puis, ce fut la chose !... Ah ! dites-moi donc, vous autres, comment vous faites pour frapper les hommes sans remords !... Moi, je suis un enfant, qui ne sait pas... instruisez-moi, consolez-moi, soutenez-moi... Je viens à toi, Jean, je viens à vous tous, les juges de la maison de mon père !...

BÉATRICE. — Marie-Louis... Marie-Louis...

MARIE-LOUIS, se retournant. — Qui donc ici pleure avec moi?... (Apercevant Béatrice.) C'est vrai, vous étiez là, Béatrice ?...

JEAN. — Comme je te plains, Marie-Louis !...

Il lui serre les mains.

MARIE-LOUIS. — J'ai peut-être été bien coupable, Jean, mais je suis venu ici pour t'entendre. Sois sévère pour moi, aussi dur que tu l'es pour toi-même.

JEAN. — Il y a des heures où c'est une chose affreuse, que d'être magistrat...

MARIE-LOUIS. — ... Affreuse...

JEAN. — Affreuse... et difficile... Tu me dis qu'il est de ton âge de se distraire. Il n'est donc point de ton âge d'être juge ? Prends-tu la justice pour une distraction ?

MARIE-LOUIS. — Plains-moi, car si tu savais ce que ce désordre passager cache d'anxiété et de désespoir...

JEAN. — C'est donc que ta conscience est dans un singulier état.

MARIE-LOUIS. — Peut-être...

JEAN. — Comment veux-tu juger si tu ne peux t'appuyer de toute ta force sur ta conscience ? Il faut te faire une conscience de granit, Marie-Louis... Mon pauvre enfant, crois-tu donc que c'est assez de te vêtir d'une robe pour être un juge ? Oh ! certes... je vois tous les jours des hommes que, ni la grandeur de leur esprit, ni la pureté de leurs mœurs, ne distinguent des autres hommes ; ils passent dans la vie, avec les passions et les crimes quotidiens de chacun, ils s'affublent de quelques oripeaux, et on les appelle des juges !

MARIE-LOUIS. — Je suis de ceux-là ! Hélas !

JEAN. — Au nom de quoi jugent-ils et frappent-ils ? De quel droit vont-ils exiger des autres une vertu qui leur est étrangère ?... Et par quel artifice ceux-là dont le cœur, l'esprit et la conscience sont prostitués, se guideront-ils entre ces deux pôles du monde : le pur et l'impur!... Juger est une mission si haute et si sainte que je place celui qui l'accomplit selon sa conscience au-dessus du prêtre et plus près de Dieu !

MARIE-LOUIS. — Quel beau !... quel grand juge tu fais... toi, Jean !... Moi, je suis indigne de juger les hommes !

JEAN. — Commence par te juger avec sévérité. Tu me disais tout à l'heure que j'étais dur pour moi-même. C'est vrai, si dur pour moi et pour ceux de ma maison que pas un de ceux que j'ai frappés au nom de la loi ou de ma conscience ne pourrait me reprocher son supplice. (Ce disant il a regardé Béatrice.) Allons, mon frère, relève-toi... et viens avec moi chez l'Ancêtre... Ta longue absence l'a surpris et tous les jours il demandait de tes nouvelles.

MARIE-LOUIS, allant serrer les mains de Béatrice. — A demain, Béatrice.

BÉATRICE. — Bonsoir, Marie-Louis.

Jean salue Béatrice. Marie-Louis et Jean sortent par l'escalier.

Scène VII

BÉATRICE, puis NANETTE

NANETTE, elle entre par la porte du second plan à gauche, regarde dans la pièce et n'aperçoit pas Béatrice. Ils sont montés !... (Elle éteint les lampes, en remontant, elle se trouve en face de Béatrice, restée près de la fenêtre, dans un rayon de lune.) Ah ! vous êtes là, madame. Je ne vous avais pas vue !... Voulez-vous que je vous laisse une lampe ?

BÉATRICE. — Non, c'est inutile...

NANETTE. — Comme madame voudra...

Elle sort.

Scène VIII

BÉATRICE, puis MARIE-LOUIS

La porte qui ferme l'escalier à droite s'ouvre. Marie-Louis apparaît, il referme la porte derrière lui et descend. Il va traverser la pièce quand il aperçoit Béatrice.

MARIE-LOUIS. — Béatrice !

BÉATRICE. — Je vous ai attendu. Je voulais absolument vous parler ce soir; avant votre arrivée j'ai eu une dernière explication avec votre frère.

MARIE-LOUIS. — Ah !...

BÉATRICE.— Oui, je lui ai dit des choses que j'avais sur le cœur depuis quatre ans... Votre frère est un bourreau, Marie-Louis.

MARIE-LOUIS. — Oh ! Béatrice, mon frère est un honnête homme !

BÉATRICE. — Les bourreaux sont d'honnêtes gens.

MARIE-LOUIS. — Je sais que vous êtes très malheureuse.

BÉATRICE. — Trop... Aussi, je suis décidée à partir. C'est ce que je voulais vous dire, Marie-Louis.

MARIE-LOUIS, très ému.— Vous allez nous quitter !... Ça n'est pas possible... Je ne vous verrai plus !...

BÉATRICE. — Pourquoi rester plus longtemps !... personne ne m'aime ici !...

MARIE-LOUIS, douloureux. — Personne ne vous aime... (Se ressaisissant.) ... et votre enfant ?

BÉATRICE. — Ah ! le petit juge que j'ai mis au monde !

MARIE-LOUIS. — Vous ne pouvez pas le quitter ?

BÉATRICE, amère. — C'est lui qui me quitte !... Non, non, personne ne peut plus me retenir !

MARIE-LOUIS. — Pas même mes prières !... Béatrice, patientez encore, je vous en supplie !... Je ne veux pas que vous partiez... Si, aujourd'hui, vous êtes coupable aux yeux de mon frère, vous ne le serez pas toujours... Et. s'il ne revient pas sur son erreur, il pardonnera, il oubliera... toute cette misère ne peut durer... Moi, je vous aime bien... Je parlerai à mon frère, à mon père, à votre enfant... Je ferai tout pour que vous soyez moins malheureuse... mais ne partez pas !

BÉATRICE. — Je ne peux plus !... Je ne peux plus. C'est trop d'injustice !...

MARIE-LOUIS. — Il y a d'autres injustices ici-bas, auprès desquelles celle contre laquelle vous vous révoltez est une douleur d'enfant, des injustices qui ne cesseront jamais, jamais... et cependant elles font leur route sur la terre sans maudire Dieu ni les hommes... elles restent...

BÉATRICE. — Que voulez-vous dire ?

MARIE-LOUIS. — Les âmes les plus éprouvées passent auprès d'elles sans les soupçonner, sans les reconnaître comme des sœurs. Ah ! ces injustices-là, Béatrice, la plus vaste erreur des hommes n'en peut commettre de pareilles.

BÉATRICE. — Vous ne m'avez jamais parlé de ces choses...

MARIE-LOUIS. — Béatrice... Y a-t-il sur la terre une torture plus inouïe que celle qui condamne une âme tendre à ne jamais connaître la tendresse, un cœur aimant à ne jamais être aimé, à ne vouloir pas être aimé parce qu'il ne pourrait l'être que par pitié...

BÉATRICE, très émue. — Marie-Louis !

MARIE-LOUIS.— Ceux dont je vous parle, Béatrice, ont été frappés, non pas par l'erreur des hommes, qui est réparable, mais par celle de la nature. qui est indélébile. Ah ! je les connais, ces malheureux, j'ai visité leur bagne qui est immense, grand comme la terre où ils sont condamnés à assister au bonheur des autres... et je pleure sur ces infortunés qui ont sur les lèvres des paroles désespérées que l'on n'entendra jamais... car ils ne les prononceront jamais... jamais !...

BÉATRICE. — Mon pauvre enfant !...

MARIE-LOUIS. — Oui, oui, je suis un pauvre enfant, un enfant qui vous supplie de rester. Il faut être meilleure que nous... Qu'est-ce que je vous demande ?... un peu de patience encore... un peu de pitié pour nous tous... pour moi qui veux vous voir... vous voir heureuse... j'y travaillerai, Béatrice... Jean vous aimera encore !...

Scène IX

LES MÊMES, NANETTE

Nanette, une lampe à la main, s'en va à la cheminée chercher des objets oubliés sur un escabeau, elle s'attarde là, regardant sournoisement Béatrice et Marie-Louis.

MARIE-LOUIS, bas, à Béatrice. — J'ai votre promesse... Vous me jurez...

BÉATRICE, avec un geste de résignation. — Oui !

Ils se séparent. Marie-Louis s'en va par la porte du fond, à gauche, et Béatrice par l'escalier. Nanette les regarde partir, et restée monte à son tour l'escalier. Elle s'arrête à la porte que vient de refermer Béatrice, écoute un instant et redescend, à pas silencieux, tenant sa lampe.

RIDEAU

ACTE II

Même décor. Dehors, les tours du Palais sous la neige ; quatre heures de l'après-midi.

Scène Première

JDAN, NANETTE

Quand le rideau se lève, Jean regarde à travers la baie vitrée. Il a à la main une liasse de papiers. Puis, il quitte la fenêtre, s'assied à la table et regarde les papiers qu'il vient d'y déposer. Nanette est en train de tisonner à la cheminée.

JEAN, le nez dans ses papiers. — Dis-moi donc, ma bonne, Marie-Louis est sorti ?

NANETTE. — Oui, monsieur Jean ; oui, M. Marie-Louis est sorti. Il sort de très bonne heure, depuis quelques jours.

JEAN. — Tout de suite après le déjeuner, n'est-ce pas ?

NANETTE. — Oui.

JEAN. — Et madame, comment va-t-elle ? Elle va mieux ?

NANETTE. — Madame va très bien. Elle est sortie aussi.

JEAN. — Mais elle n'est pas descendue pour le déjeuner. Je la croyais souffrante.

NANETTE. — Elle était souffrante pour déjeuner, mon maître, mais elle ne l'était pas pour sortir... Et puis, c'est peut-être parce qu'elle était souffrante qu'elle a voulu prendre l'air.

JEAN. — Oui, oui, le grand air... Il fait sec. Il gèle. Les lacs sont gelés.

NANETTE. — Avant de partir elle m'a demandé ses patins. M. Marie-Louis aussi est sorti avec ses patins.

JEAN. — Ah ! (Il regarde Nanette qui semble ne plus vouloir rien dire ; puis, reprenant ses papiers.) Tiphaine... Tiphaine... qui est-ce qui aurait dit qu'un Tiphaine ?... C'est une race maudite... (Il se lève, retourne à la fenêtre, revient, à Nanette.) Certainement ce Tiphaine est fou !

NANETTE. — Il faut l'enfermer...

JEAN. — Non, non ! Il faut le juger !... A cause de l'exemple, pour les autres fous ! (Il se rassied.) Béatrice et Marie-Louis sont allés patiner ensemble ?

NANETTE. — Ils sont sortis ensemble...

JEAN, montrant un journal. — Et dire qu'il y a des journaux pour répéter de pareilles infamies !... Pétrus Lamarque n'aurait pas attendu les preuves... Comme si l'on condamnait sans preuves... (Il se lève et vient près de Nanette.) Alors, ils sont sortis ensemble ?

NANETTE. — Comme si de rien n'était.

JEAN, pris d'une furie soudaine. — Qu'est-ce qu'il y a ? Qu'est-ce qu'il y a ?

Il lui prend le poignet.

NANETTE. — Vous me brisez le poignet, mon maître.

JEAN. — Pourquoi as-tu dit : « Comme si de rien n'était ? » Qu'est-ce qu'il y a ?

NANETTE. — Il y a que, cette nuit, le lit de M. Marie-Louis était vide.

JEAN, redevenu tout à fait calme. — Ah !... Eh bien ?

NANETTE. — Eh bien ?

JEAN. — Comment sais-tu cela ?

NANETTE. — J'ai passé devant la porte entr'ouverte de sa chambre, et j'ai bien vu que le lit était vide.

JEAN. — Quelle heure était-il ?

NANETTE. — Quatre heures sonnaient à l'horloge.

JEAN. — Et, comment, à quatre heures du matin ?

NANETTE. — Oh ! depuis longtemps je me doutais...

JEAN, repris de sa furie. — De quoi te doutais-tu ?

NANETTE. — Et puis, si je me suis levée, c'est que j'ai entendu des pas...

JEAN. — Des pas ?...

NANETTE. — Oui, je suis allée aussitôt dans le corridor, et j'ai vu un homme...

JEAN. — Un homme...

NANETTE. — Il marchait tout doucement... vers sa porte.

JEAN. — Quelle porte ?

NANETTE. — Celle de madame.

JEAN. — Et qu'est-ce qu'il a fait ?

NANETTE. — Il a collé son oreille contre la porte... on allait certainement lui ouvrir... Aussi, je suis partie de peur d'être surprise, et il faisait un froid de loup...

JEAN, de plus en plus menaçant. — Et alors, parce que tu as vu « son lit vide et un homme qui allait coller son oreille contre la porte de ta maîtresse, tu en as conclu que, cet homme, c'était lui ? » (Nanette se tait.) Réponds... mais réponds donc ? (Nanette fait un signe affirmatif de la tête.) C'était lui ?

NANETTE, avec force. — Je suis sûre que c'était lui...

JEAN. — Tu mens !... C'était moi !

Long silence entre Nanette et Jean.

NANETTE, timidement. — Vous aussi, vous aviez donc pensé ?...

JEAN, se passant la main sur le front. — Nanette, tu ferais naître des soupçons dans les cœurs les plus simples, dans les consciences les plus droites ; les criminels soupçons, je les hais !... Et toi, tu les aimes, on dirait que tu les réchauffes avec joie, ces vilains oiseaux... Chaque fois que tu m'approches, tu en as sur toi, tu en apportes avec toi, tu les lâches autour de moi... J'ai beau vouloir les chasser, ils reviennent, repartent et reviennent ! (Se parlant à lui-même.) Comme des oiseaux de nuit, les soupçons volent autour de mon cœur !

NANETTE. — Je ne pense qu'à votre bonheur, mon maître.

JEAN. — Mais tu ne sais donc pas que je ne dois soupçonner rien ni personne... Un juge ne doit pas soupçonner... car alors, il condamnerait son père... et son aïeul... et sa mère !... Enferme tes soupçons dans une cage et emporte-les !

NANETTE. — Le lit était vide...

JEAN, avec furie. — Tu ne comprends rien !... Son lit était vide, mais la porte de sa chambre était ouverte... Il aurait fermé la porte de sa chambre, s'il avait été coupable... (Un silence.) C'était moi qui étais derrière la porte et je l'ai vu, lui, rentrer à l'aube de la ville... Il est jeune !... Ah ! me l'avoir fait soupçonner, m'avoir mis ça dans le cœur !

NANETTE. — Vous savez bien que c'est une femme qui est capable de tout !

JEAN. — Tu me l'as prouvé une fois, ça suffit. Oui, oui... c'est assez ! Si tu me l'as prouvé comme ce soir... c'est peut-être trop. (Avec égarement.) Quant à lui, je te défends... mon frère !... mon petit frère !... presque mon fils !...

NANETTE. — Je m'en vais.

JEAN. — Ah ! oui, va-t'en !... J'aime mieux ne pas te voir dans ce moment. Cache-toi ! Quand je songe que je suis resté une nuit à l'attendre !... Une pareille chose dépasse tout ce qu'on peut imaginer !... Va-t'en, Nanette !... Va-t'en !

NANETTE, s'en allant, passe près de la fenêtre et dit : — Les voilà !

JEAN. — Qui ?

NANETTE. — Mais eux ! Ils reviennent ensemble !

JEAN, se précipitant à la fenêtre. — Puisqu'ils sont partis ensemble, pourquoi veux-tu qu'ils ne reviennent pas ensemble ? Va-t'en !

Nanette sort. Jean regarde un moment à la fenêtre, puis vient s'asseoir à la table, devant ses papiers.

Scène II

JEAN, MARIE-LOUIS

Il entre par la porte du premier plan à droite ; il a ses patins à la main.

MARIE-LOUIS, derrière Jean qui regarde toujours ses papiers. — C'est l'affaire Tiphaine ?

JEAN, se retournant. — Oui, c'est l'affaire Tiphaine. (Il regarde Marie-Louis, puis il se lève et se dirige vers la porte du fond à gauche.) Je te demande pardon... j'ai à travailler.

Il sort.

Scène III

MARIE-LOUIS, LA BELLE Mme LAMBERT,
BÉATRICE, Me AGA.

Ces trois derniers entrent par la porte du premier plan à droite.

BÉATRICE, allant jeter ses patins au coin de l'âtre et présentant sa bottine au feu. — Dieu !... que je me suis amusée !

Mme LAMBERT, s'asseyant. — Moi, mon enfant, je vous envie... ces jeux ne sont plus de mon âge...

Me AGA, à Béatrice. — Vous en avez eu un succès ! Je ne vous connaissais pas ce joli talent.

BÉATRICE. — Oh ! Marie-Louis est bien plus fort que moi !... Il sait écrire son nom sur la glace... Mais qu'avez-vous donc, Marie-Louis ?... Vous voilà changé en statue...

MARIE-LOUIS, encore stupéfait du brusque départ de son frère.

— Moi, je n'ai rien... Vous ne trouvez pas que Jean n'est plus le même depuis quelques jours ?... Il était là tout à l'heure, quand je suis entré, et il est sorti brusquement avec ses papiers... Cette affaire Tiphaine semble le préoccuper beaucoup.

Mme LAMBERT. — Dites donc, Aga ? A propos de l'affaire Tiphaine, je compte toujours sur vous pour une place de faveur. Ne m'oubliez pas. Mon mari est mal avec le président Sautton, il ne lui parle plus.

Me AGA. — Depuis quand ?

Mme LAMBERT. — Eh ! mais, depuis l'histoire de notre petite noce à Montmartre... Il paraît qu'elle a fait scandale.

Me AGA. — Je vous crois ! J'ai reçu pour ma part un mot du bâtonnier. Le conseil de l'Ordre va me nommer un rapporteur !...

Mme LAMBERT. — Tout cela est de la faute du bon juge Pâté qui n'a pas su se tenir.

Me AGA. — Ah ! il était saoul !

Mme LAMBERT, à Béatrice. — Et figurez-vous qu'il s'est battu avec un sergent de ville !... Enfin, l'affaire est arrangée, mais il y a eu du potin et une discussion très aigre entre le président Sautton et Lambert... Sautton rendait mon mari responsable... Il lui disait qu'il avait « prostitué la robe de la justice dans les ruisseaux de Montmartre... » Lambert lui a répondu que les ruisseaux de Montmartre n'étaient pas plus sales que ceux de la rue du Bac... où il habite... Il a compris... Il faisait une tête !...

Me AGA. — Sa tête de cornard !... Juge très dangereux à rencontrer au coin d'un tribunal, dans les affaires compliquées d'adultère ! Il sait que sa femme le trompe et il se venge sur tous les amants ! En voilà un qui regrette que les magistrats n'aient pas de conseil de l'ordre !

Mme LAMBERT. — Pourquoi ?

AGA. — Pourquoi, chère madame ?... parce qu'il qu'il le chargerait de venger son honneur outragé !... Il ferait comme Me Barbot qui, l'an dernier, s'est plaint au Conseil de ce que son confrère Me Billard l'avait... fait cocu !

Mme LAMBERT. — Non !...

Me AGA. — On ne tue plus l'amant, on braque sur lui l'ordonnance de 1822.

Mme LAMBERT. — Vous m'intriguez ! Et qu'est-ce qu'on lui a fait, à Me Billard ?

Me AGA. — Il a été appelé au Conseil... Ses confrères lui ont fait honte de sa conduite. On lui a fait comprendre que, si sa nature le poussait à jeter le trouble dans les ménages, il y avait d'autres ménages que les ménages d'avocat...

MARIE-LOUIS. — Aga ! Aga ! Mme Lambert est capable de vous croire.

Me AGA. — Mais je n'exagère rien. Du reste, vous avez été avocat et vous devez savoir jusqu'où va la tyrannie du Conseil de l'ordre...

MARIE-LOUIS. — Peut-être. Il n'empêche que le privilège des avocats a du bon. Vous ne pouvez nier qu'il donne au public des garanties exceptionnelles et le débarrasse des hommes d'affaires...

Me AGA. — Il le débarrasse des hommes d'affaires ! Eh bien ! Et nous, qu'est-ce que nous sommes, si nous ne somm s pas des hommes d'affaires ? On vient nous trouver que lorsqu'on a une affaire !...

MARIE-LOUIS. — Oui, mais vous ne devez l'accepter que lorsqu'elle est honorable.

Me AGA. — Enfant ! Avec votre système, il n'y aurait jamais qu'un avocat à la barre et il y en a toujours deux qui prétendent, chacun, que l'affaire de l'autre n'est pas honorable du tout ! Et il est « honoré » pour le dire, car nous ne sommes pas payés, nous sommes « honorés », et nous ne pouvons réclamer ces honoraires comme si ces honoraires étaient déshonorants ! Nous sommes à empailler ! Quand je songe que je n'ai pas le droit d'écrire à un client pour lui réclamer le prix de mon travail !...

Mme LAMBERT. — Comment faites-vous ?

Me AGA. — Quand il ne s'est pas encore exécuté, la veille du procès, je lui envoie un petit bleu dont les termes ne varient guère : « Je vous attends demain matin à mon cabinet, apportez les pièces. » Et le client, après s'être demandé à quelles pièces il peut bien être fait allusion, puisqu'il les a données toutes, finit par comprendre qu'il s'agit des pièces de cent sous !

Mme LAMBERT. — Très ingénieux !

Me AGA. — Oui, madame, nous en sommes encore là. Oh ! vous ne savez pas jusqu'où ça peut aller ? Cent ans après la Révolution, je ne puis manger une choucroute à Montmartre, à trois heures du matin, sans redouter les foudres du Conseil de l'ordre ! Demandez à Marie-Louis. Il connaît son «   ».

Marie-Louis. — Par cœur (Il récite.) « Fréquenter les cafés avec peu de décence et de manière à s'attirer d'humiliants sarcasmes...

Me Aga, continuant à réciter. — « ... d'humiliants sarcasmes... se dégrader par certaines compagnies ?... (A Mme Lambert.) Ça, c'est pour vous !

Mme Lambert. — Charmant !... Lambert vous invitera encore à souper !...

Me Aga, continuant à réciter très haut. — « C'est encourir les pénalités les plus graves ! » Tenez !... pour cette affaire de Montmartre, où j'ai cependant défendu un sergent de ville que le juge Paté manquait d'assommer, je peux être privé de mon droit de plaider pendant six mois.

Mme Lambert. — Tiphaine est sauvé.

Me Aga.— Vous, si vous continuez à faire la méchante, vous n'aurez pas votre entrée.

Mme Lambert, suppliante. — Ah ! mon petit Aga !...

Me Aga.— Comme les femmes sont lâches ! Vous tenez donc beaucoup à entendre condamner un homme à mort ?... Mais enfin, qu'est-ce qui peut bien vous plaire, à vous autres femmes, dans ce lugubre spectacle ? Il est étrange de voir avec quel entrain vous y accourez, avec quelle patience vous l'attendez, avec quel héroïsme vous le subissez ! Car le plus souvent, vous y êtes très mal à l'aise, vous y étouffez... et ça pue !...

Mme Lambert. — Vous ne savez pas !... Il y a le frisson...

Me Aga. — Lequel ?

Mme Lambert. — Le frisson de la Cour d'assises.

Me Aga. — Mais encore, de quoi est-il fait ?

Mme Lambert. — De mille choses que l'on ne trouve que là : il nous vient des juges que nous avons devant nous, du peuple que nous avons derrière, de la haine que nous ressentons à cette minute-là pour le président, quel qu'il soit, et de notre sympathie pour l'accusé quel qu'il soit, si celui-ci risque sa tête dans ce duel avec un homme qui ne risque, lui, que d'être ridicule... ce qu'il redoute, d'ailleurs, par-dessus tout, — que vous dirais-je encore ? Il nous vient, justement, de toutes les odeurs spéciales qui se sont donné rendez-vous au fond du prétoire, odeurs de vice, odeurs de bêtes, odeurs de fauves et de cette anxiété de la peine de mort qui planent de compagnie et qui vous étreignent le cœur jusqu'au frisson... le frisson de la cour d'assises...

Me AGA. — Eh bien, c'est du propre !... Je me doutais bien qu'il devait y avoir quelque chose pour expliquer comment, pendant les seize heures d'audience du procès Radiskol, pas une de vous ne soit sortie... Et pendant l'entr'acte, je veux dire la suspension d'audience, les unes mouraient de faim et de soif, si j'en excepte Diane des Gabies, qui avait eu la précaution d'apporter un pâté et du champagne — et les autres mouraient du désir de sortir... et ne sortaient pas ! Seize heures !... On ne risquait rien d'ouvrir les fenêtres, le lendemain et de cirer le parquet !... Ce qui fit dire à Me Thraséas que, si les femmes avaient tous les courages, elles avaient aussi toutes les faiblesses.

Mme LAMBERT. — Oh ! maître Aga ! maître Aga !

BÉATRICE. — Maître Aga, je compte également sur vous pour une entrée.

Mme LAMBERT. — Eh quoi ! ma petite, vous vous remettez à fréquenter le Palais ?

BÉATRICE. — Puisqu'il n'y a plus que là qu'on s'amuse !...

Me AGA. — Mais, madame, vous n'avez qu'un mot à dire à votre mari...

BÉATRICE. — Mon mari m'a interdit toute distraction.

Mme LAMBERT. — Nous irons ensemble au procès et nous ne lui demanderons aucune permission... Au fait, vous avez raison... il faut sortir le plus possible, mon enfant... Marie-Louis, votre congé ne sera pas expiré, vous serez de la partie ?

Me AGA. — Elle ne sera pas gaie. Tiphaine a la manie de la persécution à travers les âges, il n'était pas encore né qu'il en voulait déjà à la maison des juges !

Mme LAMBERT. — Heureusement que vous êtes là pour la défendre... Mais, dites-moi, Aga, vous devez être très ennuyé... Comment allez-vous concilier les intérêts de votre client et l'amitié qui vous lie à la maison des juges ? Comment allez-vous soutenir Tiphaine qui n'invoque qu'une excuse à son crime, celle de prétendre que Pétrus Lamarque, l'ancêtre, est un bandit historique ?

Me AGA. — En démontrant qu'il a tort... mais

qu'il est sincère... Comptez sur moi, c'est un jeu d'enfant. Tout le monde sera content.

Mme Lambert. — Je vous vois d'ici... Vous avez vu plaider Me Aga, Béatrice ?

Béatrice. — Jamais...

Mme Lambert. — Ce sera une occasion. Il est très bien... Seulement un peu trop de gestes... trop d'effets de manche... On dirait une Loïe Fuller en deuil...

Me Aga. — La psychologie de mon client est d'une simplicité qui touche à la niaiserie. On n'a pas dans sa famille trois guillotinés politiques sans qu'un pareil antécédent ne vous fasse perdre un peu la tête: si, à cet antécédent, s'ajoute le fait qu'on est le fils peu fortuné d'un père qui est mort de faim, on est tout prêt à se montrer injuste envers la société, que l'on rend responsable d'un tas de malheurs, dont il ne faudrait accuser que le destin ! Imaginez que j'aie avec cela une bombe dans ma poche et que le fils du magistrat, premier auteur de tant de maux, soit président de chambre à la Cour de cassation, vous comprendrez pourquoi, l'autre jour, à la chambre des requêtes, on a cassé la patte à un pauvre garde municipal qui reste le seul, dans toute cette histoire, à necomprendre rien du tout !

Marie-Louis. — Tout vous fait rire, Aga...

Me Aga. — Et vous, tout vous fait peur...

Marie-Louis. — C'est vrai... Vous parlez de votre client avec une désinvolture qui ne sera égalée que par l'intérêt lyrique que vous manifesterez pour lui à l'audience, et vous m'en voyez tout déconcerté... Quand vous avez ces grands accents...

Mme Lambert. — ... de trompette...

Me Aga, souriant. — Laissez-le dire...

Marie-Louis. — ... ces accents qui m'ont profondément remué, moi, plusieurs fois... ce n'étaient donc, comme le dit Mme Lambert, que des accents de trompette... ils ne venaient pas du cœur...

Me Aga. — Mais, mon cher, si tous mes accents devaient venir du cœur, depuis que je plaide, j'aurais une lésion cardiaque !...

Marie-Louis. — Vous croyez rarement à ce que vous dites ?

Me Aga. — Jamais ! Ou plutôt ce que je dis et ce que je crois ont si peu de chose à faire ensemble que je ne tente jamais une rencontre. Dans notre métier, la bonne foi n'est pas nécessaire... je dirai même qu'elle est nuisible... Elle empêche de voir clair dans les intérêts du client !

MARIE-LOUIS. — Mais c'est épouvantable ! Je connais cent avocats qui plaident...

Me AGA. — Et qui sont toujours de bonne foi ?... Vous m'avouerez que c'est comme s'ils ne l'étaient jamais. On n'est pas si souvent de bonne foi que ça... c'est un luxe que l'on peut se payer quand on n'a pas de clientèle... La bonne foi n'est pas plus nécessaire pour faire un bon avocat que la conscience pure pour faire un bon juge.

Marie-Louis proteste avec énergie.

Mme LAMBERT. — Mais c'est la fréquentation des anarchistes qui vous fait parler de la sorte !

Me AGA. — Non, c'est celle du palais !

Mme LAMBERT. — Si Jean vous entendait...

Me AGA. — Justement. Jean a la conscience pure et n'est pas un bon juge. Il condamne tout le temps.

MARIE-LOUIS. — Mais, enfin, qui est un bon juge ?

Me AGA. — Le président... votre père... En voilà un qui n'a pas la conscience pure et il acquittait toujours...

MARIE-LOUIS. — Qui vous a dit que mon père n'avait pas la conscience pure ?

Me AGA. — La belle Mme Lambert...

Mme LAMBERT, riant. — Moi, je vous ai dit ça ?... Il est à guillotiner, cet Aga !...

Me AGA, à Marie-Louis. — Consolez-vous, ce n'est tout de même pas une canaille... Mais serait-il la dernière des crapules que ça ne l'empêcherait pas de discerner un homme honnête d'un qui ne l'est pas, ni lui ferait confondre l'Evangile avec un rapport de police. La justice, c'est la justice... Ce n'est pas parce que j'aurai mal à la tête que deux et deux ne feront pas quatre...

MARIE-LOUIS. — Sans doute, mais cela pourra me gêner dans mes additions... Et c'est là où je vous tiens ! S'il est utile d'avoir l'esprit libre pour bien compter, il est nécessaire d'avoir une conscience nette pour bien juger... La conscience, c'est l'esprit du juge... et, à l'audience, il ne devrait pas chercher à en avoir d'autre ! C'est l'avis de Jean et, après m'être interrogé, je m'y tiens... après m'être cruellement interrogé, Aga...

Me Aga. — Oh ! je sais... Vous êtes dans la période de l'examen de conscience... Ça vous passera... Tenez, voici votre père, Marie-Louis, nous allons lui faire présider le conflit, voulez-vous ?

Marie-Louis. — Je ne demande pas mieux...

SCÈNE IV

Les mêmes, plus LE PRÉSIDENT

Il entre par la porte du premier plan, à gauche.

Le Président. — De quoi s'agit-il ?

Il s'assied auprès de Mme Lambert et lui prend les mains dans les siennes.

Me Aga. — De savoir si, pour être bon juge, il faut être en état de grâce...

Marie-Louis. — Oui, mon père... je prétends, et cela me semble tout naturel, non seulement qu'il faut souhaiter au juge une conscience pure, mais encore que celle-ci lui est nécessaire pour bien juger.

Le Président. — Mes enfants, vous agitez des problèmes bien graves... j'aimerais mieux vous voir jouer au nain jaune.

Mme Lambert. — Nous revenons de patiner... On peut bien s'instruire... Allons, répondez un peu, pour voir...

Le Président. — Eh bien, je vais vous répondre en toute sincérité... Il n'est heureusement pas nécessaire d'avoir une conscience pure pour rendre la justice, sans quoi je n'aurais jamais osé m'asseoir au tribunal, et il est inutile de la souhaiter, parce qu'elle est impossible.

Me Aga. — Bravo ! j'ai gagné...

Mme Lambert. — C'est de la franchise, ou je ne m'y connais pas !

Marie-Louis. — Mais, mon père, je ne comprends plus... je ne comprends plus...

Le Président. — Mais comprends donc, mon fils, que la justice est éternelle et objective. C'est en son nom que l'on absout et que l'on condamne, et point au nom du magistrat qui n'est qu'un homme, c'est-à-dire une montagne de péchés. Par les paroles sacramentelles de la Loi, le magistrat fait descendre la justice dans le prétoire, comme le prêtre fait descendre Dieu sur l'autel par les paroles sacramentelles de l'Église. Le juge peut-être un diable et le prêtre un démon, rien n'empêchera la justice d'être là, ni Dieu !

Me Aga. — Il a raison !

Béatrice. — J'aime à voir comme dans la maison des juges, vous vous entendez sur l'idée que vous devez avoir de la justice... (Elle va à Marie-Louis.) Qu'avez-vous, Marie-Louis, vous paraissez accablé ?

Marie-Louis, très triste. — Mon Dieu, oui, Béatrice... je suis accablé !... Les paroles de Jean que vous avez entendues... celles de mon père aujourd'hui...

Le Président, à Marie-Louis affectueusement. — Ne prends pas trop à la lettre ce que je t'ai dit, mon enfant... Il y a malheureusement beaucoup de vérité dans ma façon de voir, mais il ne faut pas que cela t'empêche de rester l'honnête garçon que nous aimons tous...

Il lui serre fortement la main.

Marie-Louis. — Eh ! mon père... il y a des moments où je me demande si je suis honnête... des moments où je me trouve indigne... oui, indigne... des moments où j'ai honte d'être magistrat... quand je vois avec quelle facilité nous expédions notre triste besogne... comment nous frappons au petit bonheur.. au hasard... C'est terrible !... Oui, au hasard... le plus souvent nous ne savons rien de l'individu qui nous passe par les mains... et... pan ! pan !... un an, deux ans de prison... est-ce que c'est bien honnête ce que je fais là ?... Tenez ! un jour j'ai souhaité qu'un pauvre bougre que nous venions de condamner m'envoyât sa savatte à la figure... Ça m'aurait soulagé.

Protestations et rires, Marie-Louis reste grave et triste.

Le Président. — Et lui, ça lui aurait valu deux ans de plus !... Que veux-tu, mon bon Marie-Louis, chacun fait ce qu'il peut... l'inculpé pour tromper la société, le juge pour la sauvegarder... et ni l'un ni l'autre ne sont parfaits ; l'inculpé n'est jamais un parfait bandit et le juge est rarement un parfait honnête homme... Cite-moi donc ici-bas une œuvre qui soit parfaite... Le tribunal, c'est encore ce qu'on a trouvé de mieux pour nous débarrasser des assassins et des voyous.

Marie-Louis. — En êtes-vous sûr, mon père ?... Moi pas... Certains soirs, je sors du Palais, le cœur malade, le cerveau hanté par cette idée qu'il y a autre chose à faire pour nous que cette œuvre imbécile qui consiste à punir à tort et à travers... Ce sont toujours les mêmes cas qui viennent devant nous, presque toujours dans les mêmes conditions, pourquoi ? Comment prévenir le retour de ces faits ? Voilà ce que nous devrions étudier dans les prétoires et, en dehors de la lamentable besogne du tribunal, je voudrais voir les juges, riches de leurs observations sans nombre, se réunir en assemblées, comme des savants honnêtes qui cherchent et qui tâtonnent, assemblées d'où ils indiqueraient à la société les mesures prophylactiques à prendre... le régime à suivre... les milieux à surveiller... les hôpitaux moraux à créer. Est-ce que je sais ?... Mais il faut autre chose !.. Non ! ce que nous faisons n'est pas honnête... Non, mon père, je ne suis pas un honnête homme...

Me Aga. — Vous exagérez, Marie-Louis...

Le Président. — Comme tu te tourmentes, mon pauvre enfant.

Marie-Louis. — Eh ! oui !... je me tourmente... je cherche partout la vérité et elle me fuit... j'ai confiance en vous, j'ai confiance en Jean... vos vérités se contredisent... Je m'interroge, rien ne me répond... J'interroge... et je reçois trop de réponses... que penser ? que faire ? où vais-je ?

Mme Lambert. — ... Me reconduire... Vous allez me reconduire, Marie-Louis... Cela vous remettra... et vous aussi, Béatrice, venez... Au revoir, mon président... Il fait beau, je ne suis plus fatiguée, nous allons suivre les quais...

Me Aga. — On s'en va ?

Mme Lambert. — Oui, mais on ne veut pas de vous ! Vous allez encore taquiner Marie-Louis.

Elle prend le bras de Marie-Louis sous le sien.

Me Aga. — Je jure... Non, je ne jure rien... je n'ai pas le temps. (Il regarde sa montre.) Il faut que je rentre chez moi. J'attends un dossier.

Mme Lambert. — Encore quelque bandit.

Me Aga. — Que non pas, chère madame, que non pas ! Il s'agit d'une très grave affaire civile... Mon intention, du reste, après m'être fait une renommée nécessaire, en défendant à la barre des assises et de la correctionnelle les pires ennemis de la société, est de me consacrer à la défense des intérêts de ses meilleurs soutiens, de messieurs les grands propriétaires !...

Le Président, à Marie-Louis. — Voyons, ne sois pas triste, mon fils... C'est la bonne crise, ne la regrette pas... Tu en sortiras meilleur encore... Ceux qui ne l'ont pas, dans notre carrière, cette crise initiale, sont de pauvres gens... je me rappelle... on se réveille la nuit... on a peur d'avoir commis une erreur judiciaire...

Scène V

LES MÊMES, M. DE FABER

DE FABER, entrant. — ... Une erreur judiciaire, qu'est-ce que ça veut dire ? Que signifient ces mots : une erreur judiciaire ?... Moi, je prétends que, s'il ne fallait condamner que lorsqu'on est sûr de quelque chose, on ne jugerait jamais !

Ils se mettent tous à rire, même Marie-Louis.

Me AGA, entraînant Marie-Louis. — Vous voilà consolé. Allons-nous-en !

Tous sortent, excepté le président et M. de Faber.

Scène VI

LE PRÉSIDENT, DE FABER

LE PRÉSIDENT. — Eh bien, Faber, qu'y a-t-il ?

DE FABER. — Ce qu'il y a ?... Vous vous doutez bien un peu de ce qu'il y a ?... Il y a que c'est une honte !... Ah ! les misérables !...

Il cherche quelque chose dans sa poche.

LE PRÉSIDENT. — Quels misérables ?

DE FABER. — Ceux qui ont écrit cela !...

Il montre un journal.

LE PRÉSIDENT, avec un sourire amer. — Il s'agit encore de l'affaire Tiphaine ?

DE FABER. — Evidemment... On ne parle plus que de ça... Aga ne vous a rien dit ?...

LE PRÉSIDENT. — Rien d'intéressant.

DE FABER. — ... Ne m'étonne pas... comme toujours il ne s'intéressera à son affaire que la veille de l'audience... Ce sont ses secrétaires qui vont chez le juge et qui s'occupent de sa publicité... Et ils la soignent... Quel saltimbanque; !... Mais lisez donc ?...

LE PRÉSIDENT, repoussant le journal que M. de Faber lui tend. — Inutile, mon cher, j'ai lu tous les journaux ce matin.

De Faber. — Et aussi du soir ?... Avez-vous lu les journaux du soir ? Vraiment, votre calme me stupéfie... Jean est-il là ?... J'espère que vous allez poursuivre... (Il déploie le journal. Lisant.) : « Le crime de la maison des juges. » Depuis dix minutes, on hurle ça sur le boulevard du Palais... C'est gai de recevoir ça dans le nez, en sortant de l'audience. Nous avons tous l'air d'être compromis... « Le crime de la maison des juges ! » Vous allez poursuivre, hein ?

Le Président, se décidant à prendre le journal, s'asseyant et lisant. — ... Ah ! c'est *le Peuple*, un journal révolutionnaire...

De Faber, se promenant fébrilement pendant que le président lit. — Un journal révolutionnaire !... Un journal révolutionnaire !... Si vous n'aviez pas permis aux journaux modérés de reproduire les déclarations insensées de Tiphaine contre votre maison, il ne se serait pas trouvé de journaux révolutionnaires pour y ajouter foi... Avec ça qu'ils prétendent maintenant que les preuves existent...

Le Président. — Les preuves de quoi ?

De Faber, agacé et criant. — ... Du crime de la Maison des juges !... Lisez donc, là... (Il récite.)... « En fouillant dans les archives... »

Le Président, froissant le journal. — C'est trop bête...

De Faber. — Vous allez poursuivre...

Le Président. — Mais laissez-moi donc. Je ne peux pas empêcher ces imbéciles d'écrire l'histoire de France à leur manière.

De Faber. — Si ! Vous devez les en empêcher ! Pour l'avenir comme pour le passé, il ne faut pas qu'il y ait de doute sur la culpabilité de Tiphaine. Que vous permettiez qu'on écrive le contraire, cela dépasse toute imagination !

Le Président. — Je ne permets rien. Je ne m'en occupe pas. J'estime que toutes ces déclamations anarchiques n'ont aucune importance. J'ajouterai, mon cher Faber, que je vous trouve étrange d'être plus excité que moi... Il ne s'agit pas de vous ?

De Faber. — Je vous demande pardon !... Il s'agit de moi... Il s'agit de nous tous. La manœuvre crève les yeux. Au lendemain du jour où nous avons tous décidé au Palais de fêter solennellement le centenaire de l'ancêtre, de notre ancêtre à tous, vous entendez, de notre chef, de celui que nous considérons avec orgueil comme notre maître, alors que l'on apprend que le gouvernement y apportera un concours éclatant, les partis avancés se ruent, avec rage, sur cette occasion inespérée de l'affaire Tiphaine pour faire échouer la manifestation prodigieuse que nous avons organisée. Déjà, l'ancêtre était à leurs yeux comme la manifestation vivante du principe abhorré de la force et du châtiment... maintenant qu'on leur permet d'écrire que c'est un assassin... que va-t-il advenir de nous ?... Je vous vois, en robe, dans la rue lors de la manifestation... On nous jettera des pommes cuites... Il faut poursuivre !

Scène VII

LES MÊMES, JEAN

Il vient du dehors, dépose son chapeau d'un geste résolu.

JEAN. — M. de Faber a raison, mon père : il faut poursuivre... Je reviens du Palais. J'ai rencontré Lambert qui m'a montré l'article infâme. Comme il se rendait chez M. le grand réquisiteur, je lui ai dit qu'il pouvait lui annoncer que nous allions déposer une plainte entre ses mains... Si je ne l'ai déjà fait, c'est que je voulais vous voir auparavant pour vous prier de faire la démarche vous-même...

DE FABER. — Votre père hésite...

JEAN. — C'est impossible !... Vraiment, mon père, ne connaîtrions-nous plus notre devoir ?

LE PRÉSIDENT. — Voilà un bien grand mot, mon fils.

JEAN. — Immense... Mais c'est vous qui m'avez appris à le connaître... Comment ne serions-nous pas d'accord pour châtier ceux qui ont osé attaquer l'ancêtre !

LE PRÉSIDENT. — Jean, ne crois-tu point que la meilleure façon de prouver que nous ne doutons pas de sa vertu est encore de mépriser de telles attaques, de les ignorer, de les pardonner... On nous met directement en cause, nous, magistrats ! Eh bien, prouvons que nous sommes tellement au-dessus de ces vilenies que, passant notre temps à condamner pour les autres, il nous est doux de pardonner quand il ne s'agit que de nous-mêmes... *(Le président fait un signe commandant le silence ; il montre le plafond.)*... L'entendez-vous?

Il marche... Il marche depuis si longtemps que rien, ni personne ne pourra l'atteindre...

JEAN, saisissant le journal. — Ah ! brûlons cette misérable feuille !

Il la jette au feu.

LE PRÉSIDENT. — Evidemment, tu préférerais brûler l'auteur de l'article, mais ça ne se fait plus.

DE FABER. — Ecoutez...

On entend soudain une rumeur sur le quai. Elle grandit, se fait plus distincte. Les trois personnages en scène prêtent l'oreille... Enfin, passe sous la fenêtre une troupe invisible de camelots qui crient à l'envi.

LES CAMELOTS, dans la coulisse. — ... Demandez !... le crime de la maison des juges !... Histoire de trois têtes... La croix de l'ancêtre... Le crime des Lamarque... Pétrus, le vendu !...

Jean se tient la tête de ses deux mains dans une manifestation de désespoir sans borne.

LE PRÉSIDENT. — Ah ! les misérables !... (Montrant le plafond.) Il va entendre... il va entendre !...

DE FABER. — Il s'est arrêté... ne vous semble-t-il pas ?... Il ne marche plus...

LES CAMELOTS, dans la coulisse, ils s'éloignent. — ... Histoire de trois têtes !... Pétrus, le vendu !...

LE PRÉSIDENT, les yeux au plafond. — Oh! mon père !... mon père !... (Il se précipite vers Jean et lui prend la main.) Ah ! oui ! nous allons poursuivre !...

JEAN. — J'ai cru que j'allais mourir...

DE FABER, à demi-voix. — ... Il ne marche plus...

LE PRÉSIDENT. — Tout de suite... Allons tous au Palais... Toute la maison des juges... Où est Marie-Louis ?

JEAN. — Oh ! oui, mon père... qu'on nous voie tous entrer chez le grand réquisiteur... On comprendra... Marie-Louis ! Comment Marie-Louis n'est-il pas là dans un pareil moment ?...

Scène VIII

LES MÊMES, NANETTE

NANETTE. — Monsieur Jean ?...

JEAN. — Où est Marie-Louis, Nanette ? Il faut lui dire...

NANETTE. — M. Marie-Louis est sorti avec madame.

JEAN. — Mais je croyais qu'ils étaient rentrés ?

NANETTE. — Ils sont ressortis ensemble.

JEAN, dans une grande exaltation. — Comprenez-vous cela, mon père, qu'il ne soit pas là à cette heure ? C'est insensé ! Qu'ont-ils à se promener dans les rues, quand on crie de pareilles choses !...

NANETTE. — Je voulais vous dire, monsieur Jean... M. le réquisiteur général et M. le grand réquisiteur demandent à vous voir ainsi que M. le président... mais je ne savais pas que M. le président fût rentré... On peut les faire monter ?

JEAN. — Le réquisiteur général ? Allez, Nanette !...

LE PRÉSIDENT. — Oui ! Oui ! Faites-les monter...

Nanette sort.

DE FABER. — Je vous quitte... Je suis heureux de vous voir poursuivre et soyez persuadés que M. le réquisiteur général et M. le grand réquisiteur seront de cet avis...

Il sort.

Scène IX

LE PRÉSIDENT, JEAN, LE RÉQUISITEUR GÉNÉRAL, LE GRAND RÉQUISITEUR

LE RÉQUISITEUR GÉNÉRAL. — Mon président... (Tous les quatre se serrent la main.) Vous devez souffrir, mon cher Jean...

LE GRAND RÉQUISITEUR. — Je suis sûr que M. l'avocat général ne souffre pas... Jean Lamarque n'est pas un sentimental, et je l'en félicite... Ces infamies ne vous atteignent en rien, et vous avez le cœur assez haut, Dieu merci ! pour qu'il ne soit point troublé par le cri salarié de quelques camelots...

LE RÉQUISITEUR GÉNÉRAL. — Hélas ! je crois connaître Jean mieux que vous, monsieur le grand réquisiteur... Sous des dehors plus que sévères,... il cache une âme tendre et délicate... et qui souffre de tout... N'est-ce pas la vérité, mon cher président ?

JEAN. — Messieurs, je ne sais pas si j'ai l'âme tendre, mais j'ai le cœur orgueilleux, je souffre, je l'avoue, nous souffrons tous ici dans notre orgueil... et dans le vôtre... On a attaqué la maison des juges : elle se défendra... Vous la défendrez, monsieur le grand réquisiteur et, ce faisant, vous défendrez la justice elle-même qui est attaquée dans la personne de l'ancêtre.

LE PRÉSIDENT. — Monsieur le réquisiteur général, monsieur le grand réquisiteur, nous avions l'honneur de nous rendre au Palais pour déposer une plainte entre vos m ins... Vous êtes venus... Recevez-la !

Un silence.

LE RÉQUISITEUR GÉNÉRAL, embarrassé. — C'est que, M. le grand réquisiteur et moi, nous ne pensions point que, dans les circonstances présentes, vous vous arrêteriez à cette... ligne... de conduite... N'est-ce pas, monsieur le grand réquisiteur ?

Le grand réquisiteur ne répond pas.

JEAN. — Comment... dans les circonstances présentes ?... Ce sont justement les circonstances présentes...

LE RÉQUISITEUR GÉNÉRAL. — Je veux dire qu'il ne serait peut-être pas politique...

LE PRÉSIDENT. — Laisse parler M. le réquisiteur général, je t'en prie, Jean...

LE RÉQUISITEUR GÉNÉRAL. — Il ne serait peut-être pas politique, au moment où nous nous apprêtons à fêter d'une façon aussi solennelle l'ancêtre, de laisser croire que nous attachons quelque importance... N'est-ce pas votre avis, monsieur le grand réquisiteur?

LE GRAND RÉQUISITEUR. — L'affaire est trop grave et touche à des intérêts si vastes, que je ne me permettrais pas d'avoir une opinion après vous, monsieur le réquisiteur général.

LE PRÉSIDENT. — Je ne m'explique pas vos paroles, messieurs... Nous poursuivrons.

LE RÉQUISITEUR GÉNÉRAL. — Vraiment, mon cher président, je ne vous comprends pas...

JEAN, éclatant. — Eh ! il faut comprendre pourtant !... C'est l'heure !... On s'attaque à quoi ?... A la maison des juges !... Et c'est à la tête que l'on veut la frapper ! C'est son chef que l'on vise ! Oubliez-vous que vous êtes solidaire de ses œuvres et que l'ancêtre couvre tout votre régime de sa grande ombre ? Quand, pour sauver la jeune liberté de l'anarchie, les Chambres eurent institué un comité de salut public présidé par le procurateur, qui est-on allé chercher pour l'asseoir dans la chaise du grand juge ! Un homme dont l'illustre vertu dominât toutes les consciences, même les plus timorées, qui redoutaient la résurrection des Fouquier-Tinville ! Et ce ne fut qu'un cri quand il apparut : il était l'image vécue de la justice descendue sur la terre ! La liberté doit tout à Petrus Lamarque ! Il l'a portée dans ses bras magnifiques. Il l'a gardée de la trame des complots et l'a sauvée du poignard des assassins, à l'heure sinistre où les Tiphaine allaient accomplir leur abominable forfait. Il est le père de la patrie. On l'attaque ! Défendez-le ! N'attendez même point notre plainte. Votre devoir, le devoir du parquet est de poursuivre d'office !

LE RÉQUISITEUR GÉNÉRAL, après un silence. — Je vous en prie, monsieur le grand réquisiteur, je crois que vous avez une communication à faire à ces messieurs.

LE GRAND RÉQUISITEUR, très froid. — Messieurs, j'ai, en effet, une communication à vous faire. Cet après-midi, j'ai reçu la visite de M. le conseiller Lambert qui m'a dit vous avoir rencontré, monsieur l'avocat général. Vous l'aviez chargé de me prévenir que vous alliez déposer une plainte contre le journal *le Peuple*.

JEAN. — C'est exact...

LE GRAND RÉQUISITEUR, de plus en plus froid. — Quand M. le conseiller Lambert entrait dans mon cabinet, M. le juge d'instruction Leperrier en sortait. M. le juge d'instruction Leperrier était venu me dire qu'il comptait sur moi pour vous décider à ne déposer aucune plainte, dans le cas où vous l'eussiez résolu, après les publications du journal *le Peuple*.

JEAN, se levant. — Leperrier !... Leperrier a fait cela ?

LE PRÉSIDENT. — De quel droit ? Pour quel motif ?

JEAN, avec colère. — De quoi Leperrier se mêle-t-il ?

LE GRAND RÉQUISITEUR. — M. Leperrier prétend qu'il vous faut éviter à tout prix le scandale d'un débat public... Je suis persuadé que ce juge d'instruction est animé des meilleures intentions pour votre maison... Je crois même, monsieur le président, qu'il serait utile, puisqu'il est chargé de l'affaire Tiphaine, que vous ayez une entrevue avec lui...

LE PRÉSIDENT. — Moi !

JEAN, protestant. — C'est impossible !...

LE GRAND RÉQUISITEUR, à Jean. — Oui, je sais que toute intimité a cessé depuis longtemps entre vous et M. Leperrier... Aussi, vous voyez, je ne conseille cette entrevue qu'à votre père...

JEAN. — Ni moi, ni mon père ne verrons M. Leperrier !

LE GRAND RÉQUISITEUR, se levant ainsi que le réquisiteur général, affirmant. — Si ! Je suis prié de vous demander cette entrevue, monsieur le président.

JEAN. — Mais dans quel but ?

LE GRAND RÉQUISITEUR. — Oh ! je l'ignore... je n'ai demandé aucune explication à M. Leperrier, et n'en désire aucune... (Il serre la main du président.) C'est entendu, monsieur le président ?

LE PRÉSIDENT, après une hésitation. — Puisque vous le voulez.

Le grand réquisiteur et le réquisiteur général sortent.

Scène X

LE PRÉSIDENT, JEAN

JEAN, très agité. — Je soupçonne quelque machination de Leperrier... Ah ! cet homme... Il y a des moments où je comprends le crime !... Quand je pense à tout ce qu'il m'a pris... je me demande avec anxiété ce qu'il peut bien pouvoir me prendre encore... Ah ! on ne saura jamais ce qu'il m'a fait souffrir... personne ne s'en est douté... (Il est accablé sous le poids du souvenir.) Non, pas même vous, mon père ! (Montrant Béatrice qui rentre.) pas même cette femme...ma femme !...

Scène XI

LES MÊMES, BÉATRICE, MARIE-LOUIS

BÉATRICE, allant au président. — Qu'y a-t-il ?... Vous pa raissez tout triste...

JEAN. — Il n'y a que vous de gaie aujourd'hui dans cette maison !

BÉATRICE. — Très gaie ! Nous sommes allés patiner, Marie-Louis et moi !...

MARIE-LOUIS. — Nous avons rencontré Mme Lambert et Me Aga... Nous sommes revenus avec eux... nous les avons reconduits.

BÉATRICE, avec affectation. — Oh ! la joie folle de glisser, d'être deux à avoir l'unique désir du même chemin, de la même courbe, de la même fuite sur la glace. Et puis, il est des instants où l'on est comme immobile dans la vitesse, avec le grand vent frais sur le visage. (Regardant amicalement Marie-Louis sans coquetterie.) ...et le bras de notre bon Marie-Louis à la ceinture !...

JEAN, se levant, très agité. — Il faudra, il faudra, Béatrice, retourner sur les lacs glacés avec Marie-Louis. Cela est excellent pour votre santé, et je me félicite de retrouver chez vous une humeur que je ne connaissais plus depuis longtemps...

BÉATRICE. — C'est entendu ! Nous y retournerons demain... C'est Marie-Louis qui m'a appris à patiner. C'est un excellent professeur !

JEAN, d'une brutalité soudaine. — Vous resterez à la maison ! On ne sort pas en ce moment de la maison des juges ! Qui vous fait sourds ainsi tous les deux que vous n'entendiez pas ce que l'on crie dans la rue !... Vous resterez à la maison !

BÉATRICE. — A la maison !... Je resterai à la maison ?

MARIE-LOUIS. — Mais, Jean ! Qu'est-ce que cela signifie ?

BÉATRICE. — A la maison !...

LE PRÉSIDENT. — Béatrice, je vous en prie... il faut pardonner à Jean.

BÉATRICE, continuant, à Jean. — Mais vous me croyez donc bien votre prisonnière pour me parler de la sorte ?

JEAN, revenu au calme. — Excusez-moi, Béatrice, je regrette de toutes les forces de mon âme cette stupide colère... L'heure est si triste pour nous... je n'ai pas su me contenir.

LE PRÉSIDENT. — Vraiment, Jean, tu es très coupable... L'épreuve passagère que nous subissons n'est pas une raison suffisante de ta soudaine irritation contre Béatrice... Je ne te reconnais plus... Il faut qu'il se passe dans ton esprit quelque chose que je ne sais pas. Toi ordinairement si calme !... Voyons, qu'y a-t-il ?

JEAN. — Eh ! vous le savez bien, mon père...

LE PRÉSIDENT. — Non, ce n'est pas cela... il y a autre chose...

JEAN. — Il n'y a pas autre chose... mon père... il ne faut pas qu'il y ait autre chose !

BÉATRICE, au président. — Ne cherchez pas... je vais vous expliquer sa colère... Elle venait de ce qu'il m'a surprise, rapportant du dehors, dans cette mortelle demeure, un peu de vie et un peu de clarté, — de ce qu'il m'a entendu rire, moi qui n'ai pas ri depuis quatre ans !... Mais maintenant, voyez-vous, je rirai tous les jours ! Oui, j'ai décidé cela... Même quand on criera ce que vous savez dans les rues, contre la maison des juges ! Qu'est-ce que me fait votre maison, à moi ? J'ai assez souffert, je ne veux plus souffrir...

LE PRÉSIDENT. — Mais, ma pauvre enfant, on vous torture donc ?

BÉATRICE. — Vous me le demandez ? Vous, le meilleur de tous, vous avez assisté à cette torture comme si elle m'était due, comme si c'était un spectacle de justice ?...

LE PRÉSIDENT. — Je vous ai conseillé une longue patience, Béatrice, et de tout espérer du temps. Que pouvais-je faire de plus ?

MARIE-LOUIS. — Il faut faire quelque chose de plus, mon père... Il faut dire à Jean que le martyre de Béatrice a assez duré... il faut lui dire qu'il est temps qu'il se souvienne qu'avant d'être un juge, il est un homme... dites-lui que nous attendons, après tant d'années d'expiation, un mot de pitié pour Béatrice... que tous nous souffrons ici du malheur qui les sépare... qu'il a assez souffert, lui aussi... car il souffre, car il souffre... N'est-ce pas, Jean, que tu souffres ?

Jean détourne la tête.

LE PRÉSIDENT, à Jean. — Mon fils... Tu n'oublieras donc jamais ?

BÉATRICE. — Que voulez-vous lui faire oublier ?

LE PRÉSIDENT. — Ecoute-moi, Jean, on n'a pas le droit...

JEAN. — Je ne sais pas si l'on a le droit... mais, moi, je me rappelle un jour terrible où j'ai eu le devoir...

BÉATRICE. — Le devoir de vous tromper et de me frapper sans pitié !

MARIE-LOUIS. — Béatrice, laissez mon père parler à Jean...

BÉATRICE. — Pourquoi ?... Qu'attendez-vous de lui ? Il a fait son métier de juge ! (A Jean.) Ah ! si votre père est un magistrat qui vole son pain, vous savez gagner le vôtre !

JEAN, accablé. — J'ai agi en toute justice ! Béatrice veut quitter la pièce.

LE PRÉSIDENT, arrêtant Béatrice. — Restez, Béatrice, je le veux. (A Jean.) Admets que tu aies frappé en toute justice... Mais un homme n'a pas le droit, Jean, d'être si juste que cela ! Te crois-tu donc personnellement si à l'abri de toute défaillance, que tu n'aies jamais envisagé le bienfait du pardon !... Mes fautes, à moi, sont innombrables, mais je les bénis, puisqu'elles m'ont appris à pardonner !... Je t'ai vu grandir sans péché et t'approcher du tribunal plein d'orgueil, eh bien, je t'ai souhaité moins pur, t'ayant trouvé trop sévère... Voici Béatrice que tu as tant aimée... crois-tu que, depuis quatre années que tu lui fais expier une faute...

BÉATRICE, hautaine. — Quelle faute ?

LE PRÉSIDENT, avec un geste suppliant, à Béatrice. — Ou ce que tu as cru fermement et cruellement, hélas ! être sa faute, crois-tu que, depuis quatre années qu'elle supporte son humiliation d'épouse et de mère, crois-tu qu'il n'eût pas été doux de lui pardonner ? (Un silence.) Tu ne réponds pas ?... (Dans une émotion profonde.) Mais quels sont donc les hommes de ce temps-ci ? D'où venez-vous ? Où allez-vous avec tant d'assurance ? Quelle âme est la vôtre ? (A Jean.) Où trouves-tu cette force de châtier ?

BÉATRICE, terriblement ironique. — Dans sa conscience de granit ! Vous ne savez pas, vous, père, ce que c'est qu'une conscience de granit !... l'orgueilleuse conscience de la maison des juges... Vous n'en avez pas hérité... Elle a sauté une génération... Vous parlez de pardon... Ici ?... (Egarée.) Mais vos paroles vont faire hurler les murs... Regardez donc les ancêtres ! Ils sont déjà prêts à descendre de leur cadre... Tenez, celui-là, dans le coin, qui ressemble si étrangement à Jean, il me montre du doigt chaque fois que je passe... Et cet autre dont la lèvre m'injurie... Tous, vous m'entendez, ils me soupçonnent... Ils m'espionnent... et tous ils me croient coupable, parce que ça a été leur métier autrefois !... J'ai accusé la vieille servante... J'ai eu tort... ce sont eux qui m'ont dénoncée... Ils voulaient me chasser ! C'est vrai, j'étais trop gaie !... (S'apitoyant.) trop jeune... trop heureuse de vivre... Je faisais sans doute trop de bruit dans leur tombeau !... Mais je vais m'en aller... je ne veux plus les voir, ni eux, ni vous, ni mon mari, ni mon enfant... (Elle pleure.) Je vais m'en aller toute seule, toute seule.

MARIE-LOUIS. — Jean !... Aie pitié...

LE PRÉSIDENT. — Pardonne...

On entend les sanglots de Béatrice.

MARIE-LOUIS. — Ah ! oui... Je ne peux plus la voir souffrir...

BÉATRICE, dans ses larmes. — Je vais partir...

JEAN, à Marie-Louis. — Tu ne peux plus la voir souffrir...

MARIE-LOUIS. — C'est trop... et toi aussi, tu pleures. Tu vois bien que tu pleures... Pardonne, puisque tu l'aimes encore...

JEAN. — C'est vrai !... Je l'aime encore ! Ah ! Tu as deviné cela, toi !

MARIE-LOUIS. — Ouvre-lui tes bras !...

JEAN. — C'est toi, c'est toi qui me dis cela ? Béatrice !

Il s'approche d'elle.

BÉATRICE, se levant. — Non ! Non ! Adieu !... Je ne veux plus vous entendre, c'est fini !... (Avec une résolution farouche.) Je ne veux plus vous voir... je ne veux plus voir cette maison, ni celle d'en face ! (Elle montre le Palais de justice.) Ah ! sortir de l'ombre... de l'ombre de ces tours, qui ne me quitte pas... de quelque côté que l'on se tourne, ici, on les aperçoit... Quand on voudrait oublier que l'on est dans la maison des juges et qu'on lève la tête, c'est le Palais de justice que l'on regarde !... Ah ! comme je les hais, ces tours sinistres, qui me rappellent à toute heure du jour et souvent de la nuit votre plus sinistre métier !... Ne plus les voir !... Tenez, plutôt que de rester ici, je préférerais être enfermée dans ces tours... pour ne plus les voir ! Oui ! la Conciergerie plutôt que la maison des juges !

JEAN. — Béatrice...

BÉATRICE, continuant. — ... Plutôt que la maison des juges !... Entendez-vous bien, Jean ? Sachez que vous m'avez rendue si malheureuse, que j'ai envié le sort des misérables qui pleurent derrière ces pierres... Au moins, de temps à autre, la clémence des geôliers leur fait voir un coin de ce ciel bleu, mais moi, monsieur, moi, quand je me mets à la fenêtre de votre maison, où vous m'avez tenue plus captive que si j'avais été enchaînée, c'est encore une prison que je vois !

JEAN. — Béatrice, écoutez-moi !

BÉATRICE. — Ah ! comme je vous hais !

LE PRÉSIDENT. — Ma fille !

BÉATRICE. — Je ne suis pas votre fille, je ne suis rien ici... Jean n'a même pas voulu que je sois la mère de mon fils !... Laissez-moi... Je vous hais tous !

MARIE-LOUIS. — Je ne vous ai jamais fait de mal, Béatrice !...

BÉATRICE. — Tous !... Tous !... (S'attendrissant.) Vous avez fait de moi une femme qui n'a plus que de la haine, moi dont le cœur était plein d'amour...

Elle pleure.

JEAN. — Écoutez-moi, Béatrice... C'est moi qui vous le demande aujourd'hui. Vous m'avez questionné pendant quatre ans et je me suis tu, et vous m'avez haï à cause de mon silence... et vous avez cru que je vous haïssais... Eh bien, non ! je n'ai pas cessé de vous aimer !

BÉATRICE. — Vous m'aimez... vous osez dire...

JEAN. — Oui ! je me suis tû, car je craignais que ma première parole ne vous dît que je vous aimais encore... Vous ne comprenez pas... Vous avez souffert ! Et moi aussi, j'ai beaucoup souffert. Mon père me parle de la douceur du pardon, croyez-vous que je n'y ai pas pensé ?... Vous pardonner ! Mais mon cœur ne désirait que cela !

LE PRÉSIDENT. — Eh ! insensé ! que ne l'as-tu fait?

JEAN. — Oui, oui, il est doux de pardonner... (Avec amertume.) Hélas ! dans ma conscience, je ne le pouvais pas !... Etant si sévère pour les autres, j'ai craint de ne l'être pas assez...

BÉATRICE. — ... Pour moi !

JEAN. — Non... pour moi ! Vous entendez : pour moi ! Oui, c'est à moi que j'ai refusé votre pardon !...

LE PRÉSIDENT. — Mais pourquoi ? Mais pourquoi ?

JEAN. — Vous ne devinez pas, mon père, quel courage, quel effroyable courage il faut avoir pour ne pas pardonner ! Etre le juge de sa femme, l'aimer et la condamner à ne plus vous aimer !... Sentir que l'on est prêt à devenir le dernier des lâches, en oubliant tout dans un baiser et passer dans la maison avec une figure impassible de juge... de juge honnête, sans peur, sans grâce et sans faiblesse pour les siens, pour lui-même, comme pour les autres !... Tenez, mon père, il y a eu des jours où je souffrais tant...

BÉATRICE. — Je ne vous crois pas...

JEAN. — Vous ne croyez pas que je souffrais, Béatrice, vous ne croyez pas que je vous aime encore ?...

BÉATRICE. — Vous dites que vous m'aimez !... Mais si vous m'aviez aimée, vous auriez senti que je n'étais pas coupable !... J'ai trop attendu un mot de vous... un pauvre soupir... avec une patience inlassable... Non, vous ne m'aimez pas ! J'aurais deviné que vous pleuriez sur moi... et nos larmes auraient bien fini par se rencontrer...

JEAN. — Des nuits entières, j'ai pleuré à votre porte !...

BÉATRICE. — A ma porte !...

JEAN. — Oui, j'ai souffert, là, pendant des heures incomparables...

BÉATRICE. — Pourquoi me dites-vous tout cela aujourd'hui ? Je n'ai nul besoin de le savoir... Et puis, je ne vous crois pas... car ce serait trop absurde. Un amour pareil m'épouvanterait plus que votre haine... A ma porte ! Des nuits entières à ma porte !...

JEAN. — J'y étais cette nuit encore !

BÉATRICE. — Cette nuit !

JEAN. — L'épouvantable nuit ! Mais il faut que je vous dise cela, Béatrice, et à toi aussi, Marie-Louis, c'est nécessaire. Il faut que mon cœur se décharge de tout cela qui l'étouffe... Oui, oui, c'est trop lourd à porter.

BÉATRICE et MARIE-LOUIS. — Quoi ? Quoi ?

LE PRÉSIDENT. — Parle, mon enfant !

JEAN. — N'est-ce pas, mon père, c'est bien votre avis, il faut que je parle... Quand j'aurai parlé, quand j'aurai dit la chose tout haut, j'en serai débarrassé... Ah ! vous ne savez pas jusqu'à quel point je vous aime, Béatrice... jusqu'à être jaloux !

Il regarde Marie-Louis.

BÉATRICE. — Jaloux !

MARIE-LOUIS, *se levant sous le regard de son frère.* — De qui ?

JEAN. — De toi !

LE PRÉSIDENT. — Mon pauvre enfant !

BÉATRICE, pleine de stupeur. — Jaloux de Marie-Louis ! Il était jaloux de Marie-Louis !

JEAN. — Oui, oui... de mon frère... je suis jaloux de mon frère... Mais maintenant c'est fini... j'ai dit la chose tout haut. C'est passé... C'est fini...

BÉATRICE, elle saisit le bras de Marie-Louis qui a poussé une sourde exclamation et qui semble souffrir horriblement. — Vous entendez, Marie-Louis !... (Elle a un rire éclatant.) Comment a-t-il pu devenir jaloux ?

Elle regarde Marie-Louis.

MARIE-LOUIS, égaré. — Oui, oui... comment peut-on ?..

Béatrice continue à fixer Marie-Louis.

JEAN. — Ces soupçons étaient le plus grand crime qui pût se promener dans cette maison !...

BÉATRICE. — ... Le plus grand crime !... Marie-Louis, je vous disais bien que vous aviez tort de m'empêcher de partir !... Jean est fou !... Sa justice le rend fou ! et, si je restais, je sens que je deviendrais folle, moi aussi !

Elle sort.

JEAN, dans un grand cri. — Béatrice !... Il ne faut pas partir !

Béatrice ne l'entend pas.

Scène XII

LE PRÉSIDENT, JEAN, MARIE-LOUIS

JEAN, allant à Marie-Louis. — Me pardonneras-tu jamais ? (Il serre longuement la main de son frère. A son père :) Je ne pouvais pas avoir ça dans le cœur sans le dire... Maintenant, la maison est propre...

Scène XIII

LES MÊMES, NANETTE

NANETTE. — Monsieur ! Monsieur !

LE PRÉSIDENT. — Qu'y a-t-il, Nanette ?

NANETTE. — M. Abel Leperier !

Mouvement général.

JEAN. — Ici ?

NANETTE. — Il demande à voir M. le président tout de suite... il voulait monter derrière moi... Il est venu par le petit escalier qui donne sur la cour...

LE PRÉSIDENT. — Fais-le monter dans mon bureau, Nanette ; je m'y rends tout de suite.

JEAN. — Faites-le monter ici, mon père... Je désire... je veux assister à cette entrevue, j'en aurai le courage... Il est bon aussi que Marie-Louis soit présent.

LE PRÉSIDENT. — Tu me promets, Jean...

JEAN. — Oh ! soyez tranquille...

NANETTE. — Alors, je l'introduis ici ?

LE PRÉSIDENT. — Ici.

Nanette sort.

Scène XIV

LE PRÉSIDENT, JEAN, MARIE-LOUIS, LEPERRIER

Il entre par la porte du premier plan, à droite.

LEPERRIER, *après avoir salué les trois personnages en scène, s'arrête auprès de la porte.* — Je vous demande pardon, monsieur le président, de cette sorte de violation de domicile... mais je devais vous voir de toute urgence, car je désirais vous remettre en mains propres cela !

Il sort un dossier plié de sa poche et le dépose sur la table.

LE PRÉSIDENT. — Qu'est-ce que cela ?

LEPERRIER. — Ce sont les preuves de l'innocence des frères Tiphaine...

Mouvement général. Sourde exclamation de Jean.

Scène XV

LES MÊMES, L'ANCÊTRE

La porte qui est au-dessus de l'escalier à droite s'ouvre, et l'ancêtre apparaît au haut des marches. Il est enveloppé dans une ample houppelande ; grande barbe blanche, longs cheveux. Il est à peine courbé et se soutient sur un bâton. Il reste immobile au haut des marches, tel une statue ; les personnages en scène sont disposés de telle sorte qu'ils n'aperçoivent pas l'ancêtre pendant toute cette scène.

LE PRÉSIDENT, *d'une voix hésitante.* — Les preuves !... Alors... il y a eu erreur judiciaire ?

LEPERRIER. — Non.

LE PRÉSIDENT. — Comment ! non ?

LEPERRIER. — Il n'y a pas eu erreur judiciaire...

Les juges, ou plutôt l'un des juges, ou, si vous voulez, le premier des juges, celui qui commandait aux autres, savait que les frères Tiphaine étaient innocents... qu'ils n'avaient jamais tenté d'assassiner le procurateur.

Jean veut faire un mouvement vers Leperrier, mais le président le retient.

LE PRÉSIDENT. — Prenez garde, Leperrier, vous prononcez là des paroles... En quoi consistent les preuves de cette innocence ?

LEPERRIER. — Elles résultent des preuves de la culpabilité du grand juge ! Je vous les apporte. J'ai pu mettre la main dessus à l'heure où nos ennemis, les ennemis de la justice, croyaient les saisir. Il y a là les témoignages accablants des ouvriers habiles qui ont travaillé pour l'Etat, et la preuve de l'ordre donné par le procurateur et transmis par le grand juge qui en fut récompensé !...

JEAN. — Vous en avez menti !

LE PRÉSIDENT, arrêtant Jean. — Laisse-le finir !

LEPERRIER. — Il y a là de quoi changer la face de l'histoire pendant trente ans... de quoi faire rugir d'allégresse le parti de la Révolution ! Vous savez, vous, monsieur le président, que je suis un magistrat honnête et qu'en vous livrant un pareil dossier je ne le fais que parce que je suis persuadé que la condition de l'accusé n'en saurait être aggravée, au contraire... Il savait que ces preuves existaient, mais dans quelles archives fallait-il puiser ou faire puiser pour les mettre au jour ? Il l'ignorait. D'autres, depuis l'éclat politique que l'on a donné à cette affaire, travaillaient pour lui, ou plutôt pour eux J'ai pu les devancer. On ne trouvera rien ; on ignorera même que l'on a trouvé quelque chose. Il n'y a que vous qui le saurez et moi !... MM. le grand réquisiteur et le réquisiteur général eux-mêmes, je me hâte de le dire, ne savent rien... Ils se doutent seulement qu'il est nécessaire de montrer quelque clémence pour Tiphaine et de terminer au mieux ce procès, en trouvant à l'accusé des circonstances atténuantes que l'on fera développer par son avocat, ce sera facile. Déjà, la mentalité de Tiphaine me paraît suspecte, et le rapport des médecins experts ne manquera pas d'établir combien sa responsabilité est mitigée...

LE PRÉSIDENT. — Vous avez fini, monsieur ?

LEPERRIER, continuant. — Je vous dis toutes ces choses parce que je sais le souci que vous avez de la justice, et pour que vous n'ayez aucune crainte sur le sort d'un accusé que l'on prive de pièces qui ne sont même point judiciaires... de documents historiques que nous ne sommes pas après tout obligés de lui fournir. Enfin, vous songerez qu'en brûlant ces papiers vous servez la justice... et moi, j'estime que j'aurai accompli mon devoir en servant la maison des juges...

LE PRÉSIDENT, troublé. — Vous parlez avec une extraordinaire assurance, Leperrier...

JEAN. — Je ne sais si M. Leperrier parle avec assurance ou non... Je sais à coup sûr qu'il parle trop...

LEPERRIER. — Jean, rappelle-toi notre ancienne amitié... Je te jure ! Ah ! je te jure !...

JEAN, interrompant brutalement. — ... Il parle trop... et nous l'avons trop entendu...

LEPERRIER. — Réfléchissez...

JEAN. — Mon père, dites donc à cet homme de quitter notre maison sur-le-champ avec ses papiers.

LEPERRIER. — Je ne partirai pas...

JEAN. — Va-t'en !

LEPERRIER. — Je ne partirai pas d'ici avant de protester une dernière fois de ma loyauté et contre la trahison que vous m'avez prêtée... Il y a ici une victime, Jean.

JEAN, menaçant. — Si tu ne pars pas...

LE PRÉSIDENT. — Il faut vous en aller, monsieur.

JEAN. — Tu ne vois donc pas que ta présence ici nous déshonore...

LEPERRIER. — Elle sauve la maison des juges ! Je la sauverai malgré vous ! Je sais ce que je lui dois. J'aurais pu brûler sans rien vous dire ces papiers. En te les apportant, j'ai recherché l'occasion de te crier une fois encore, Jean, qu'il y a ici une victime de ton erreur, de ta jalousie, de ton orgueil...

JEAN. — Remporte tes papiers ! Que n'inventerais-tu pas ? Tu es capable de tout !

LEPERRIER. — Je n'ai pas inventé les preuves de l'innocence des frères Tiphaine.

JEAN. — Malheureux !... si elles existent, tu es plus coupable encore, car elles appartiennent à l'accusé de demain !... Porte-les-lui de notre part !

Leperrier étourdi, par la colère et l'indignation de Jean, reprend son dossier et, après un geste d'adieu désolé, sort.

Scène XVI

LES MÊMES, moins LEPERRIER

D'abord un silence.

JEAN, rompant le silence. — Mais elles n'existent pas !...

LE PRÉSIDENT. — Pourquoi n'as-tu pas voulu voir le dossier ?

JEAN. — Parce que ce n'est pas vrai ! Marie-Louis est bien de cet avis, n'est-ce pas ?... Ce n'est pas vrai ! Est-ce que vous douteriez de l'ancêtre ?

MARIE-LOUIS. — Si c'était vrai !...

JEAN. — Ça n'est pas possible.

LE PRÉSIDENT. — Non, non, ça n'est pas possible.

JEAN. — Ça n'est pas possible, parce qu'alors il n'y aurait plus rien.

LE PRÉSIDENT. — Oui, la justice serait finie...

MARIE-LOUIS, secouant la tête, sceptique. — Il faut tout dire à l'ancêtre...

JEAN. — Oui, oui. Maintenant il faut tout dire à l'ancêtre !

LE PRÉSIDENT. — Oui, oui, à l'ancêtre !... Allons demander à l'ancêtre !...

Le président, Jean, Marie-Louis se précipitent vers l'escalier. Ils aperçoivent l'Ancêtre en haut de l'escalier et s'arrêtent.

L'ANCÊTRE. — C'est vrai !... (Ils reculent pleins d'épouvante. Jean pousse un gémissement de bête blessée, l'ancêtre descend lentement les marches de l'escalier.) Vous voilà donc, ô les trois âges de ma jeunesse !... Une fois de plus vous vous dressez devant moi, vous venez me demander, anxieux et farouches : « Est-ce vrai ? » Car n'imaginez point, ô mes fils, que c'est la première fois que vous m'apparaissez ainsi avec vos yeux d'épouvante et vos bouches terribles qui me crient : « Est-ce vrai ? » O mes fils ! O les trois âges de ma jeunesse ! Depuis des années sans nombre vous êtes venus, croyez-moi, vous êtes venus !... Vous ne m'avez point quitté, vous dis-je, attachés comme des ombres, nuit et jour, à mes pas. Et je ne cesse de vous répondre : « C'est vrai ! » Et cependant, vous revenez toujours m'interroger, si bien qu'un autre que le vieux Pétrus eût pu prendre vos ombres pour des remords ! O les trois ombres de ma jeunesse ! J'étais comme toi, mon Marie-Louis, une pauvre petite âme de magistrat, timide et pleine de forfanterie, et j'écrivais en tremblant des réquisitoires qui me rappelaient mes devoirs du collège !... Quand je vis tomber ma première tête... j'eus peur et devins sévère pour moi-même, et dur pour les autres. Je m'astreignis à cette époque à plus de vertu que tu n'en pourras jamais imaginer, tu entends, toi, Jean ? Ma seconde image ! Mon second cœur de juge !... Le jour devait venir cependant, jour que tu connaîtras (A Jean.) où le ciel m'envoya une telle souffrance, que je connus la pitié !... La justice alors m'apparut comme une bonne mère, et je ne frappais plus en son nom qu'avec douceur. Ce fut une étape charmante à laquelle je ne m'attardai point cependant, comme tu l'as fait, toi, le premier de mes enfants, Louis, vieillard plein de sérénité qui crois ta route accomplie !... Il y a une quatrième étape, mais elle est terrible à franchir ! Oseras-tu ? Après avoir frappé avec hésitation, à cause des fautes de ta jeunesse, avec sang-froid, à cause de la raison de ton âge mûr, avec pitié, à cause de l'expérience de ton déclin, après avoir frappé pendant ces trois étapes, au nom de la justice, oserais-tu, comme moi, aller jusqu'à cette étape suprême où tu, demanderas ce que c'est que la justice des hommes, où tu la chercheras, où tu ne la trouveras pas, où dans la sincérité et dans le silence immense de ton cœur, tu la proclameras toujours mensongère et toujours impossible, et où cependant, appelé par le destin dans un poste d'où dépend la paix des sociétés, puisque tu es juge, et puisqu'il n'y a pas de justice, tu frapperas sans justice !... Oseras-tu cela ?... Je l'ai osé ! Et de ce que j'ai osé cela. qui est effrayant, voilà que les trois Pétrus de ma jeunesse ne lâchent plus le vieux Pétrus ! Mais je leur réponds : « Ce que j'ai afit n'est pas plus effrayant que ce que vous faites ! Vous faites votre devoir de magistrat, et j'ai fait le mien ! Mon crime était mon devoir !... »

Le Président. — Mais où est notre crime, à nous, mon père ?... C'est donc un crime de juger les hommes ?

L'Ancêtre. — Le crime, mon enfant, n'est point d'emprisonner les hommes, ni de les tuer ; le crime est de les tuer et de les emprisonner au nom de la justice !... La justice n'a rien à faire là-dedans !... Eh !... ne vous révoltez pas, les trois Pétrus de ma jeunesse !

JEAN. — Il n'y a plus rien ! Il n'y a plus rien !

L'ANCÊTRE. — Si !... Il y a la société... dont vous devez faire respecter les commandements. Mais, accomplissant une telle besogne qui demande du courage, n'imaginez point que vous mettez de la philosophie en actions !... Vous faites de la police, mes juges, pas autre chose. Vous dissipez les rassemblements, vous rétablissez la circulation, vous faites la place nette de ce qui gêne la société. Vous gardez les plates-bandes du riche, vous êtes de tragiques gardiens de squares !... Quant à vous prononcer en justice pure, comme vous ne pouvez séparer le fait du mobile, vous êtes des niais de croire à la pureté de votre justice ! Pour connaître le mobile du geste sanglant d'un homme, ô mes fils, il faudrait savoir ce qui s'est passé dans le ventre de la première femme, et encore de quoi était fait le premier feu de l'univers, et remonter ainsi jusqu'aux origines du monde, si le monde a des origines !

JEAN, *venant s'asseoir accablé au premier plan.* — Il n'y a plus rien...

L'ANCÊTRE. — La justice n'est point dans nos temples... mais il ne faut pas le dire... La justice ! Ce mot-là nous facilite la besogne, et c'est sur ce mot-là que le monde a vécu ! Moi, j'ai ouvert la porte du tabernacle et je l'ai refermée tout de suite pour que les autres ne vissent point qu'il n'y avait rien derrière... Ce néant des tabernacles, c'est le grand mystère... Silence, mes fils ! il faut bien le garder ; nous sommes les défenseurs naturels et les soldats héroïques du mensonge nécessaire !... Et notre devoir absolu, absolu, est de supprimer l'impie, l'imprudent ou l'audacieux qui veut soulever le voile du temple ! O les trois âges de ma jeunesse ! Je vous le dis une dernière fois, et ne revenez plus me tourmenter... Ils furent trois jeunes gens à commettre le sacrilège, trois jeunes frères beaux comme des demi-dieux, éloquents et braves comme les fils de Cornélie. Ils avaient pénétré notre secret. Ils le révélaient dans les faubourgs. Le peuple les écoutait et les suivait dans un tumulte grandissant ; ils criaient que la justice n'avait jamais habité nos palais et que ce mensonge fut inventé pour l'éternelle servitude des hommes ; la dépouille de quelques riches citoyens fut traînée aux gémonies ; la voix du forum montait avec un tel bruit de tonnerre que l'on put croire que c'était la terre qui foudroyait les cieux... et toute la société en fut ébranlée ! C'est alors que le procurateur vint à moi et me dit de ses lèvres pâles : « Pétrus, aujourd'hui tu vas sauver la patrie ! » Le jour même, je lui donnai les trois têtes. Je jure que je n'avais pas la justice avec moi ! Mais, je suis un soldat de la société. On est d'un côté ou de l'a l'autre de la société, comme on naît d'un côté ou de l'autre de la frontière ; et, comme un soldat qui n'a point à se préoccuper, avant le massacre, de la justice de sa cause, patriotiquement, j'ai frappé ! J'ai frappé ! J'ai frappé !

RIDEAU

ACTE III

Salle-bibliothèque, qui sert de cabinet de travail à Jean. Vaste, imposante et sombre. Par les fenêtres, on aperçoit les tours du palais sous un autre angle que précédemment. A gauche, au premier plan, porte, puis cheminée ; puis au dernier plan, porte. A droite, au dernier plan, porte. Une table bureau de milieu, à droite, en face la cheminée, profil au public. Matinée d'hiver.

Scène première

LE RÉQUISITEUR GÉNÉRAL, puis LE GRAND RÉQUISITEUR

Au lever du rideau, le réquisiteur général se promène, soucieux, les mains derrière le dos. La porte du dernier plan, à gauche, s'onvre, apparaît le grand réquisiteur. Le réquisiteur général va à lui.

LE GRAND RÉQUISITEUR, étonné. — Ici tous les deux ? Cela n'est guère habile ! Je ne savais pas vous trouver ici...

LE RÉQUISITEUR GÉNÉRAL. — J'y suis venu aussitôt que j'ai appris la nouvelle. En arrivant ce matin au palais, ce sont les premiers mots qui m'ont frappé: « L'ancêtre est mort ! »

LE GRAND RÉQUISITEUR. — Le bruit commence à s'en répandre par la ville et cause une grosse émotion. On dit qu'il est mort hier soir. Ils auraient bien pu nous prévenir... A quelle heure ?

LE RÉQUISITEUR GÉNÉRAL. — Après la visite de Leperrier... Du moins je le suppose.

LE GRAND RÉQUISITEUR. — Comment ? Vous n'avez donc encore vu personne, ici ?

LE RÉQUISITEUR GÉNÉRAL. — Personne !... Si, cependant ! J'ai vu Nanette ! Est-ce bien Nanette que j'ai vue ? Elle avait la tête d'une furie antique, les yeux hagards ; d'horribles mèches blanches s'échappaient de son bonnet. J'ai voulu lui parler sur le seuil de la maison où je m'étais heurté à elle. Mais elle m'a échappé et s'est mise à courir sur le quai, comme une folle. Alors, j'ai pénétré dans l'hôtel, et je n'ai rencontré personne. Seulement, en traversant la grande salle, j'ai entendu, derrière les murs, des gémissements. Tout était dans un grand désordre. Des meubles étaient renversés, j'avais la sensation d'errer sur des ruines, dans un lieu fatal, ravagé par le passage du Destin ! Une porte s'ouvrait devant moi. J'étais dans le bureau de Jean... Et voilà ! J'attends...

LE GRAND RÉQUISITEUR, pensif. — ... Cette mort arrange bien des choses...

LE RÉQUISITEUR GÉNÉRAL. — ... Oui, plus de manifestation...

LE GRAND RÉQUISITEUR. — Et nous nous arrangerons pour qu'il n'y ait pas de scandale ! Vous avez revu Leperrier ?

LE RÉQUISITEUR GÉNÉRAL. — Oui !

LE GRAND RÉQUISITEUR. — Eh bien, que vous a-t-il dit ?

LE RÉQUISITEUR GÉNÉRAL. — Oh ! rien !... C'est un garçon intelligent et discret.

Un silence. Les deux réquisiteurs se regardent.

LE GRAND RÉQUISITEUR. — Cela vaut mieux. Il ne nous a rien dit et nous ne savons rien !...

LE RÉQUISITEUR GÉNÉRAL. — Il doit tout au président ! Il ne l'oubliera pas !

LE GRAND RÉQUISITEUR. — Oui, nous pouvons être tranquilles... Très prudemment, j'ai dit un mot de lui au garde des sceaux.

LE RÉQUISITEUR GÉNÉRAL. — Vous avez vu le garde des sceaux ?

LE GRAND RÉQUISITEUR. — Je sors de chez lui !... Il est enchanté de la mort de l'ancêtre. Vous savez que c'était lui qui avait décidé le gouvernement à transformer en fête publique la manifestation du centenaire !... Il n'avait pas prévu le scandale du procès, ni la résurrection du dernier des Tiphaine. Maintenant, il ne reste plus qu'à étouffer le procès... une condamnation anodine, et c'est la fin des polémiques.

LE RÉQUISITEUR GÉNÉRAL. — Puissiez-vous dire vrai !... C'est égal ! Ils n'y allaient pas de mainmorte du temps du procurateur.

LE GRAND RÉQUISITEUR. — Epoque difficile, où il fallait être un peu... sévère ! Enfin ! tout s'arrange pour le mieux. Un scandale eût été déplorable. Songez donc à la situation des Lamarque : l'un, président de chambre à la cour de cassation ; l'autre, avocat général ; l'autre, procureur de la République... C'est toute la magistrature actuelle qui se trouvait frappée par... par l'erreur de l'autre... Alors, Leperrier ne vous a pas dit comment il avait été reçu ici !...

LE RÉQUISITEUR GÉNÉRAL. — Plutôt mal !

LE GRAND RÉQUISITEUR. — Ah !

LE RÉQUISITEUR GÉNÉRAL. — Il m'a dit vaguement qu'il lui avait été impossible d'avoir une conversation sérieuse... Entre nous, je crois que Jean l'a fichu à la porte.

LE GRAND RÉQUISITEUR. — Ah ! mais... Ce Jean est bien dangereux !

LE RÉQUISITEUR GÉNÉRAL. — Plus maintenant !

LE GRAND RÉQUISITEUR. — Evidemment ! Il disparaît du procès !

LE RÉQUISITEUR GÉNÉRAL. — Il n'occupera pas en Cour d'assises à cause de son deuil, prétexte tout tout trouvé !

LE GRAND RÉQUISITEUR. — C'est notre meilleure chance.

LE RÉQUISITEUR GÉNÉRAL. — Les sauvages de l'extrême gauche s'apprêtaient à lui faire une belle conduite. Ils ne lui pardonnent pas d'être le petit-fils de Pétrus.

LE GRAND RÉQUISITEUR. — Oh ! Ils ne lui pardonnent pas non plus d'avoir représenté le ministère public dans le procès des trente-cinq...

LE RÉQUISITEUR GÉNÉRAL. — Et de nous avoir débarrassé — sans qu'il s'en doutât, d'ailleurs, car, au fond, Jean est un naïf — d'une quinzaine de socialistes encombrants qui ont été condamnés en bloc avec les partisans de l'action directe et les porteurs de bombes.

LE GRAND RÉQUISITEUR. — Oui ! Il a été implacable. Quand ce garçon-là croit avoir raison, il est plus terrible que moi, quand j'ai tort !

Silence.

LE RÉQUISITEUR GÉNÉRAL. — Avez-vous parlé des obsèques, avec le garde des sceaux ?

LE GRAND RÉQUISITEUR. — Il faut que la famille décide d'enterrer son mort comme nous allons enterrer le procès, avec le moins d'éclat possible...

LE RÉQUISITEUR GÉNÉRAL. — J'en parlerai au président. Et, au procès... qui mettrons-nous à la place de Jean ?

LE GRAND RÉQUISITEUR. — Ça n'a pas d'importance !

LE RÉQUISITEUR GÉNÉRAL. — Enorme, au contraire !

LE GRAND RÉQUISITEUR. — Oui, vous avez raison. Il ne faut pas que le jury nous donne la tête de ce Tiphaine-là !... Il nous faudrait un avocat général qui le fît presque acquitter !

LE RÉQUISITEUR GÉNÉRAL. — J'ai songé à Panel !

LE GRAND RÉQUISITEUR. — Admirable ! Il parlera pendant sept heures, et c'est lui que les jurés voudront condamner à mort !

LE RÉQUISITEUR GÉNÉRAL. — On pourrait aussi conseiller au président des assises de n'accorder qu'une suspension d'audience de cinq minutes. Personne n'aurait le temps d'aller au buffet. J'ai déjà remarqué que le jury était très mal disposé pour la cour et le ministère public quand il avait faim !

LE GRAND RÉQUISITEUR, souriant. — Vous pensez à tout, monsieur le équisiteur général.

LE RÉQUISITEUR GÉNÉRAL. — C'est qu'aves lec jurés il ne faut rien négliger. Me Lenty a sauvé un jour la tête de son client en priant à haute voix l'huissier de fermer, au-dessus du chef du jury, une fenêtre qui faisait courant d'air. C'était un grand avocat !

LE GRAND RÉQUISITEUR. — Et vous, vous êtes un grand magistrat. Voyez-vous, monsieur le réquisiteur général, un grand magistrat se reconnaît moins à ce qu'il mène à bien une affaire qu'à ce qu'il l'empêche d'éclater.

Scène II

LES MÊMES, JEAN, par la porte du dernier plan, à droite Il est vieilli, en une nuit, de dix ans.

LE RÉQUISITEUR GÉNÉRAL. — Mon pauvre ami !

LE GRAND RÉQUISITEUR. — Croyez bien que nous partageons votre peine, monsieur l'avocat général.

JEAN, les remercie d'un signe de tête, et, leur montrant des sièges. — Messieurs, pardonnez-moi, si je vous ai fait attendre...

LE RÉQUISITEUR GÉNÉRAL. — Oh ! mon ami, nous ne voulons pas vous déranger, mais nous avons tenu, dans une aussi triste circonstance.

JEAN, *se laissant aller, avec une lassitude immense, sur le siège qui est devant son bureau.* — Merci.

LE GRAND RÉQUISITEUR. — Est-ce que M. le président et vous, avez pris une décision pour les obsèques.

JEAN. — Aucune ! Mais je pense qu'elles seront très simples... très simples... la famille... la famille seulement !

LE GRAND RÉQUISITEUR. — La famille ! Evidemment !... et une petite délégation du parquet.

JEAN, *très bas.* — Je parlerai de tout cela avec mon père, monsieur le grand réquisiteur !

LE RÉQUISITEUR GÉNÉRAL. — Comme vous voilà abattu, mon pauvre ami... Que diable ! un peu de courage !

LE GRAND RÉQUISITEUR. — Ce coup a frappé très douloureusement, M. l'avocat général... Nous lui accorderons un long congé... Du reste, vous avez beaucoup travaillé depuis la rentrée... beaucoup ! Vous avez droit à un peu de repos, monsieur l'avocat général !

JEAN. — J'en prendrai après le procès Tiphaine !

LE GRAND RÉQUISITEUR, *stupéfait et hostile.* — Le procès Tiphaine ?... Mais, monsieur l'avocat général, votre deuil ne vous permet pas décemment de remplir le rôle du ministère public.

JEAN, *affirmant, n'interrogeant pas.* — C'est votre avis, monsieur le grand réquisiteur !

LE GRAND RÉQUISITEUR. — J'espère que vous m'avez compris... Vous avez reçu, hier, M. le juge d'instruction Leperrier... d'une façon bien étrange. Et pourtant, M. le réquisiteur général et moi, nous avions pris la peine de venir ici, vous prier de l'écouter. Vous ne l'avez pas écouté. Vous ne savez même pas ce qu'il avait à vous dire !

JEAN. — Si...

LE GRAND RÉQUISITEUR. — Ah !... alors, comprenez donc qu'il vous faut prendre votre congé tout de suite, monsieur l'avocat général ! Il convient que vous vous consacriez entièrement à la douleur que vous cause une si grande perte.

JEAN. — Messieurs les grands réquisiteurs, j'ai

en effet tout perdu... Aussi, je vous demande, par pitié... par pitié... pour ma détresse... de ne point prolonger cet entretien. (Au grand réquisiteur.) Vous parlez d'un congé, monsieur, soyez sans crainte... je le prendrai, illimité... mais, auparavant, il faut que vous sachiez quelle est ma dernière volonté de magistrat et quel sera mon dernier geste au palais. J'occuperai dans l'affaire Tiphaine...

Le Grand Réquisiteur. — Nous nous y opposerons de tout notre pouvoir !

Jean. — Et moi, messieurs, je vous jure que je ne céderai ma place à personne !

Le Grand Réquisiteur. — Elle est donc bien enviable.

Le Réquisiteur général. — Que voulez-vous faire ?

Jean. — Apprendre au monde ce que vous voulez lui cacher, messieurs les grands réquisiteurs.

Le Réquisiteur général. — Quoi ?

Jean. — Que les frères Tiphaine étaient innocents et quel est le crime de la justice des hommes !

Le Grand Réquisiteur. — Vous ne ferez pas cela !

Jean. — Et qui m'en empêchera !

Le Grand Réquisiteur. — Tout ! Vous entendez, tout ! Moi, M. le réquisiteur général, tous ceux qui vous aiment, les amis de l'ordre et de la justice, votre intérêt, votre conscience...

Jean. — Ma conscience !...

Le Grand Réquisiteur. — Oui, votre conscience... A quoi bon chercher un inutile scandale qui retomberait sur nous tous. Si l'ancêtre a commis un crime, ce que M. le réquisiteur général et moi ignorons et ce que nous voulons continuer à ignorer, ce n'est pas une raison pour que son petit-fils en commette un second cent fois plus haïssable encore !

Jean. — Si cruelle qu'elle soit, je dirai la vérité ! Elle peut être utile à l'accusé !...

Le Grand Réquisiteur. — Eh ! Nous nous chargeons de son salut !

Jean. — Que m'importe ! Je me refuse à entrer dans vos combinaisons. Je me sépare de vous. Je dirai la vérité... le jour où j'ai revêtu pour la première fois la robe...

Le Grand Réquisiteur. — Le jour où vous avez

revêtu pour la première fois la robe du juge, je vais vous dire ce que vous êtes devenu... un homme qui ne s'appartient plus, une pensée qui ne doit exister que pour le triomphe d'une institution sacrée, un cœur qui ne connaît, ni la faiblesse, ni le remords, dès qu'il s'agit de la paix de la société...

JEAN, l'interrompant. — Oui !... je sais, l'ancêtre m'a déjà dit ces choses.

LE GRAND RÉQUISITEUR. — L'ancêtre, pour sauver l'Etat, a fait tomber trois têtes... On ne vous en demande pas tant !... et vous êtes son héritier ?...

JEAN. — Jamais !... Je refuse !...

LE GRAND RÉQUISITEUR. — Vous refusez l'héritage ! Vous n'en avez pas le droit, fils de la maison des juges !

JEAN. — Il n'y a plus de maison des juges... Je parlerai.

LE GRAND RÉQUISITEUR. — Non ! Vous songerez à la société ! A l'Etat ! N'est-ce pas vous-même qui me disiez, hier encore, tout ce que l'Etat doit à Pétrus Lamarque et le lien formidable qui les attache l'un à l'autre.

JEAN. — La raison d'Etat ne saurait me faire mentir !

LE GRAND RÉQUISITEUR. — On ne vous demande que de vous taire !

JEAN. — Le silence serait un mensonge !

LE GRAND RÉQUISITEUR. — Il y a des mensonges sacrés !

JEAN. — L'ancêtre est mort ! Les mensonges sacrés sont morts !

LE GRAND RÉQUISITEUR, furieux, entre ses dents. — L'insensé !

LE RÉQUISITEUR GÉNÉRAL, qui s'est promené fiévreusement de long en large pendant les dernières répliques, s'approchant de Jean. — Voyons, mon cher Jean. Il n'est pas possible, dans l'intérêt même de Tiphaine que nous voulons sauver, que vous n'entendiez pas raison. Il ne s'agit pas ici de léser un droit, ce que nous ne permettrions pas. Il n'est question que d'éviter l'esclandre qui retomberait encore plus sur vous que sur la société qui, après tout, est au-dessus des coups que vous rêvez de lui porter. M. le grand réquisiteur a raison quand il dit que ce sont vos amis qui vous empêcheront de commettre cette folie !... En somme, il est étrange que vous ne compreniez point que c'est votre aïeul, que c'est votre maison, que c'est vous-même que vous déshonorez !

JEAN, désespéré. — Je n'ai plus d'honneur !... Je ne peux plus me déshonorer. Pourquoi m'empêcher de parler ? Rien n'empêchera que je sache, moi, que la maison des juges est déshonorée !

LE GRAND RÉQUISITEUR. — Mais rien ne vous force à l'apprendre aux autres !...

LES DEUX RÉQUISITEURS, ensemble et dans une grande colère. — Mais ne déshonorez pas les autres !

LE GRAND RÉQUISITEUR, continuant, au comble de l'exaspération. — ... Parce que vous avez passé dans la vie, dans la vie du palais, sans rien voir, sans rien entendre sans rien comprendre, aveugle et sourd... et niais... portant en vous-même je ne sais quel rêve primaire de justice... comme un curé de campagne porte le saint sacrement et que vous vous réveillez un matin avec toute votre défroque idéale par terre et toutes vos religions brisées, vous voulez bassement vous venger sur des gens dont le seul tort a été de ne point partager votre pauvre utopie !... vous voulez nous donner un coup de couteau dans le dos, à nous qui sommes la justice... la justice des hommes, comme vous dites, la seule dont la société ait besoin ; la seule qui réussisse encore, malgré ses défauts, que vous appelez bien facilement des crimes ! A apaiser l'éternelle discorde. Eh bien, monsieur, ce que vous faites est lâche et méprisable... mais nous nous défendrons, nous protégerons la justice, nous détournerons votre bras, nous vous empêcherons d'occuper dans l'affaire Tiphaine... Nous vous fermerons la bouche.

JEAN. — Vous n'y parviendrez pas !... Si l'on ne m'entend pas comme avocat général, on m'entendra comme témoin à la barre ! Si on me met à la porte des assises, on m'entendra à travers la porte, et si l'on me jette du haut des degrés du palais, on m'entendra dans le ruisseau... mais on m'entendra. Le monde entier m'entendra. Je lui hurlerai la vérité... Il n'y a plus de mensonge nécessaire. Tout le mal est venu de ce que les juges l'ont trop gardé. Le mensonge engendre le mensonge et toute œuvre obscure demande pour se perpétuer plus d'obscurité encore. Je parlerai donc !... Quant à ce qui peut en résulter pour votre justice, peu m'importe !... Si elle reçoit un coup terrible, tant mieux !... La justice ! Ah ! qu'elle souffre donc à son tour. Elle m'a assez fait souffrir ! Qu'elle succombe, tant mieux ! Moi, j'en meurs !... Mais vous ne voyez donc pas que j'en meurs ? Vous ne voyez pas qu'en une nuit j'ai vieilli de dix ans et qu'à ce compte il me reste peut-être encore deux nuits à vivre !... Et je vous ai demandé par pitié... par pitié pour ma détresse, de vous en aller... de me laisser arranger ma mort en paix... Et vous êtes encore là, messieurs les grands réquisiteurs ! à m'apitoyer sur le sort de la justice ?... Mais savez-vous ce qu'elle m'a pris, votre justice, avant de me prendre la vie, avant de me prendre l'honneur, avant de me prendre ma foi ! Elle m'a pris mon amour. Elle m'a fait condamner une créature que j'adorais à un supplice abominable, et elle n'était pas coupable. Je viens de découvrir cela ! Mais trop tard, car tout m'abandonne... Votre justice, à cause de l'impitoyable orgueil qu'elle a mis en moi, m'a fait voir noir ce qui était blanc... plus pur que toutes vos hermines, messieurs les grands réquisiteurs ! Ah ! je ne crois plus à rien !... Toutes mes croyances ?... Une nuit a suffi pour les déraciner ! Je n'ai plus dans le cerveau et dans le cœur que des trous affreux et des plaies béantes... Et vous voulez que je ne crie pas ? Vous voulez qu'on ne m'entende pas ? Mais il n'y a jamais eu d'homme sur la terre, ayant perdu sa foi et ses dieux, qui ait souffert autant que moi. Mais comprenez donc qu'à la barre de votre justice je vais moins crier la vérité que je ne vais crier de douleur ! (Il retombe sur le bureau, sanglotant, et comme les grands réquisiteurs le regardent en silence, pitoyables enfin à tant de maux, il relève encore une fois la tête et leur dit :) Maintenant, messieurs, laissez-moi seul au milieu de mes ruines !...

Les grands Réquisiteurs sortent par la porte du dernier plan, à gauche.

Scène III

JEAN, ABEL LEPERRIER

Jean est anéanti. La porte du premier plan à gauche s'ouvre. Leperrier apparaît sur le seuil. Jean ne l'a pas aperçu. Leperrier pénètre dans la salle et touche l'épaule de Jean.

JEAN, relevant la tête, se lève brusquement. — Leperrier !

(Jean et Leperrier se regardent en silence. Leperrier ouvre les bras.

Jean y tombe. Etreinte.) Tu me pardonnes donc !... Ah ! tu as bien fait de venir ! Mon ami ! mon premier ami ! Tu sais qu'elle s'en va !... Elle ne veut même plus me revoir !

LEPERRIER. — Mon pauvre Jean ! Nanette m'a tout dit.

JEAN. — Nanette ! J'ai failli la tuer !

LEPERRIER. — Quand elle est arrivée chez moi, je ne la reconnaissais pas... Elle m'a dit que tu l'avais frappée... chassée... que tu lui avais ordonné de venir se jeter à mes pieds... Elle s'y est roulée... Si tu la chasses définitivement, elle se tuera !

JEAN. — Oui ! Elle m'aime trop !... Ah ! la misérable !

LEPERRIER. — Et tu ne t'étais jamais douté ?...

JEAN. — Tais-toi !... tais-toi !... Cette vieille servante était jalouse de moi, comme si elle avait été ma femme, et du cœur de Petit-Pierre, comme si elle avait été sa mère ! C'est affreux !... Ah ! nous sommes de pauvres gens !... Quand je songe qu'il n'a fallu qu'une première astuce à cette créature pour obscurcir une amitié éclairée comme la nôtre et pour broyer mon cœur, tout plein de Béatrice.

LEPERRIER. — Oui ! Nous sommes de pauvres gens. Tu as cru cette femme et tu ne m'as pas cru, et moi, moi, je n'ai pas pu trouver les mots qui t'auraient sauvé de l'erreur... Et nous sommes des juges !...

JEAN. — Je ne t'écoutais pas... Tu parlais, mais je ne t'écoutais pas... j'avais les preuves ! Tu sais bien, Leperrier, ce que c'est quand nous croyons avoir les preuves. Nous ne voyons plus rien, nous n'entendons plus rien de ce qui pourrait nous prouver que nous ne les avons pas !... Ah ! quelle misère !

LEPERRIER. — Comment as-tu su ? Comment as-tu été détrompé ?

JEAN. — Figure-toi que, depuis quelques jours, il s'était produit des choses qui faisaient que je n'avais plus aucune certitude en moi. L'attitude de Nanette, la haine de Nanette pour Béatrice qui allait jusqu'à vouloir me donner des soupçons sur... sur Marie-Louis. Oui !... c'était fou ! Comme elle m'en avait donné autrefois sur toi !... Allais-je douter ? Je me traitais de lâche, car j'aime tant Béatrice que je me disais que c'était mon amour qui me faisait douter... quand est arrivée la catastrophe !

LEPERRIER. — La mort de l'ancêtre ?

JEAN. — Non ! non ! Quelque chose de beaucoup plus terrible ! Les aveux de l'ancêtre !

LEPERRIER. — Ah !

JEAN. — Oui ! tu avais raison ! Le triple crime a été commis !... Le malheureux !... Avant de mourir... il s'en est glorifié. Non ! tu ne sauras jamais ce qui s'est passé sur le seuil de cette tombe et tout ce que Pétrus, avant de disparaître, a emporté dans l'ombre, avec lui ! Tu connais ma vie ! Je suis devenu un homme à tes côtés, tu sais ce que j'entendais par être un homme et par être un juge ! Tu sais l'orgueil que j'avais de ma maison. Eh bien, quand l'ancêtre a eu parlé il n'y avait plus rien de tout ce que tu as connu. Il n'y avait plus que cette misérable chose qui pleure et qui t'a fait venir pour pleurer !

LEPERRIER. — Jean !

JEAN. — Quelle nuit nous avons passée. Les aveux du juge d'abord et puis la mort de l'homme ! Il est mort, là-haut, dans sa chambre, tout seul. C'est Nanette qui nous a crié qu'elle venait de le trouver étendu, tout de son long, sur le carreau. Nous courûmes... Il était mort ! On eût dit un géant abattu. Et nous l'avons veillé en silence, toute la nuit. Quelle nuit et quel silence ! Mon père était à genoux et je voyais ses larmes couler comme celles des petits enfants. Sur qui pleurait-il ? Sur qui pleurait-il ? Quant à Marie-Louis, il avait une figure que je ne lui avais jamais vue ! Autant mon père et moi étions brisés, autant il paraissait droit et fort. On eût dit qu'il était illuminé par quelque vision intérieure et surhumaine. Tantôt ses eyux fixaient le mort et semblaient lui parler, tantôt ses yeux se fermaient et il nous semblait que le mort lui répondait... Et puis, je ne sais... je me suis enfui de cette chambre en titubant et en me heurtant aux murs. J'ai rencontré Petit-Pierre qui errait dans les couloirs en criant : « L'ancêtre est mort, il ne me fera plus peur ! » Tout à coup je me suis trouvé devant une porte... une porte ouverte... Béatrice était là, dans sa chambre, au milieu de ses malles, des paquets faits à la hâte !... Assise à une table elle écrivait... elle ne me vit pas... A qui adressait-elle cette lettre dernière ? A son fils ? A moi ? J'ai compris qu'elle s'en allait... que c'était fini... que je ne la reverrais plus... et je vis, alors... je vis qu'elle était innocente... et que je m'étais trompé... que je m'étais trompé pour elle comme je m'étais trompé pour tout !... du moment que je ne croyais plus à rien de ce que je croyais la veille, pourquoi aurais-je continué à croire à sa culpabilité ?... Mon intelligence... mes preuves ? L'évidence !... Ah ! mon pauvre ami, Ecoute, je ne pénétrai point dans cette chambre, mais j'allai traquer, je ne sais dans quel coin, Nanette. Quand elle me vit, elle fut sans doute épouvantée de ma figure, car elle cria. Mais je la courbais déjà sous moi et je lui dis que je connaissais toute son infamie, que c'était elle qui avait tout inventé et que c'était par ses horribles soins que j'avais pu trouver chez toi les objets qui m'étaient apparus comme des preuves de la trahison de Béatrice... Elle ne nia pas ; elle crut que j'étais informé... Oh ! mon père survint et me l'arracha des mains... Je suppliai mon père d'aller implorer Béatrice et j'envoyai Nanette chez toi ! Toi, tu es venu... mais Béatrice ne viendra pas. Elle ne veut pas me revoir... Elle a raison ! Je dois lui faire horreur !... Et l'idée seule que je veux la retenir ici doit lui faire horreur... Oh ! l'avoir tant fait souffrir ! et l'aimer comme je l'aime !

Scène IV

LES MÊMES, LE PRÉSIDENT et derrière lui, BÉATRICE

Tous deux arrivent par la porte du fond, à droite.

LE PRÉSIDENT. — Jean !... Voici Béatrice !

JEAN. — Béatrice !

LE PRÉSIDENT. — Avant qu'elle ne parte, j'ai pu obtenir qu'elle vienne te dire un dernier adieu !

Le président va serrer la main de Leperrier.

BÉATRICE, entrant et apercevant Leperrier. — Monsieur Leperrier !

Etonnée, elle s'arrête.

JEAN. — Oui, Béatrice, Leperrier que j'ai fait venir pour lui demander son pardon comme j'implore le tien. (Il se jette à ses genoux.) Ah ! ne me quitte pas dans un moment pareil !

BÉATRICE. — Je viens vous dire adieu, Jean !

JEAN. — Ah ! voilà ce que j'ai fait ! Comment ai-je pu me condamner à vivre si loin de toi... si loin et si près !... Quel martyre !...

BÉATRICE. — Oui... quel martyre !... Mais il a pris fin !... Je pars !...

JEAN. — Béatrice ! Béatrice !

BÉATRICE. — Trop tard ! Jean !... Trop tard !... Pourquoi n'es-tu pas venu plus tôt ! Je t'attendais !...

JEAN. — Hélas ! Hélas !... Je te croyais coupable !

BÉATRICE. — Coupable ou non, il fallait venir, puisque tu m'aimais !

JEAN. — Oui !... j'ai été impitoyable... et pourquoi ! Pour une idée... et je viens d'apprendre qu'elle n'existe pas ! Oui, je m'étais quelque part, dans la nuit, accroché à une idée ; mais le clou a cédé et je roule !... Ah ! les idées ne sont pas solides ! Il n'y a plus que ta pitié !

BÉATRICE. — Tu n'en as pas eu pour moi. Adieu !

JEAN, se relevant et se jetant au travers de la porte vers laquelle se dirige Béatrice. — Mais tu ne peux partir... Si tu n'as pas pitié de moi, songe au moins à ton enfant.

BÉATRICE. — C'est avec mon enfant que tu m'as retenu dans cette prison pendant quatre ans ! Tu en as fait ton complice !

JEAN, au président. — Mais, mon père !... dites-lui donc qu'il est impossible qu'elle s'en aille... Ne la laissez pas partir... Je ne peux pas... mais je voudrais lui dire... Je ne sais que lui dire... dites-lui qu'elle ait pitié... que j'ai souffert autant qu'elle... plus qu'elle !

BÉATRICE. — Tout est de ta faute, Jean. Qui t'ordonnait de souffrir ? Toi ! Tu as souffert pour une idée. Tu aurais dû te méfier. Une idée ne peut pas être bonne qui comporte tant de souffrance ! Je t'aimais, tu m'aimais, ça n'était pas compliqué cela ! Et nous n'avions qu'à ouvrir les bras et qu'à nous aimer. Pourquoi nous torturer ? Pourquoi ne pas avoir accepté simplement le bonheur que la terre nous donnait ?

JEAN. — Oui, oui... Tout ce que tu dis est vrai... tout est de ma faute !

BÉATRICE. — Est-ce que tu ne voyais pas que j'étais prête à te pardonner tout mon malheur ?... Ce que je te dis aujourd'hui, combien de fois mes yeux suppliants, ma détresse, mon silence, te l'ont crié ! Quand j'étais assise près de toi, quand dans un geste de hasard nos mains se frôlaient. Mais tu ne voyais rien, tu ne sentais rien... tu suivais ton idée. Et maintenant tu me dis que je suis innocente. C'est ton idée d'aujourd'hui. Les idées ne sont pas solides ! Tu as vu que j'allais partir et c'est uniquement cela qui t'a convaincu. Une minute a suffi pour te convaincre!

JEAN. — Oui, une minute pendant laquelle tout ce que l'orgueil a édifié s'écroula !... Une minute où j'ai vu clair dans ton cœur et dans le mien... où j'ai lu dans l'affection jalouse de Nanette comme dans un livre... Ah ! je te jure que je n'ai pas eu besoin de ses aveux pour être sûr de son crime et... du mien !

BÉATRICE. — Qui t'a ouvert les yeux ?

JEAN. — Maintenant que mon orgueil est tombé, je vois clair. Oui, je puis lire maintenant la vérité dans tes yeux, dans tes chers yeux qui pleurent !

BÉATRICE. — Et tu recommenceras à me torturer demain !...

JEAN. — Te torturer ! Ah ! mon cher amour ! Pourquoi ne me crois-tu pas ? Il n'y a plus au monde, pour moi, que ta pitié ! Quand tu m'auras pardonné, je te dirai tout... Je te ferai le récit de toutes les misères qui sont là ! (Il se frappe la poitrine.) Tu seras effrayée. Vois-tu, l'âme d'un honnête homme, quand cet homme est un juge, est effrayante à voir !... Ainsi, je vais te dire... Après que je t'ai eue condamnée, mon amour, plus d'une fois, tout au fond de moi-même, oui, un doute venait, essayait de se faire entendre... un doute qui apportait avec lui toutes les bonnes raisons de ton innocence !... Eh bien, moi, moi, qui souffrais à en mourir de cette torture... que je t'infligeais, je repoussais ce doute, je le fuyais avec horreur... Il m'appelait, je détournais la tête, car j'avais peur... une peur que je n'osais m'avouer, de m'être trompé... peur pour moi, peur pour toi, pour les autres... pour tous ceux que j'ai jugés, tous ceux dont je ne connaissais rien ; ni de leur corps, ni de leur âme... et que j'ai châtiés... et qui sont dans les cachots... ou qui sont morts... Comprends-tu ? Comprends-tu ?

BÉATRICE. — Ou qui sont morts...

JEAN. — Ou qui sont morts ! Je ne pouvais pas me tromper !... ou alors, ou alors, ou alors !... Il n'était pas en mon pouvoir de me tromper. C'était l'idée. Quand l'idée est dans le cœur d'un juge, rien d'autre n'existe plus. On est son propre bourreau, on enchaîne l'innocence qui vous est la plus chère sur un bûcher, en faisant le signe de la croix... On est Torquemada... On brûle son cœur !

Il retombe à genoux... il entoure Béatrice de ses bras suppliants.

Béatrice. — Mon pauvre Jean !

Jean. — Ah ! pardonne-moi ! Regarde-moi encore ! Je suis un misérable juge !... Je suis humble... je suis bon ! Quand nous serons tous humbles, nos erreurs ne seront plus des crimes. Je suis bon !... J'aime !... C'est toute la vérité, toute l'idée du monde Je t'aime !...

Scène V

Les mêmes, MARIE-LOUIS, PETIT-PIERRE

Marie-Louis arrive poussant devant lui Petit-Pierre. Le président parle bas à Petit-Pierre et l'enfant va se joindre à son père, aux genoux de Béatrice.

Béatrice. — Jean !... Mon enfant !... *(Elle les étreint tous les deux, puis apercevant Marie-Louis qui, très ému, se tient en silence à côté du groupe, elle lui serre la main avec effusion.)* Marie-Louis !... Jean, relève-toi ! Je savais bien que je ne pourrais te revoir sans te pardonner... et, tu vois, je suis venue !

Jean, *se relevant.* — Ah ! comment pourrais-je, jamais !

Le Président. — Oui !... tu lui dois beaucoup de bonheur... Tu l'emmèneras loin d'ici !

Béatrice. — Oh oui !... loin d'ici !... mais vous viendrez avec nous, père !

Le Président. — Merci, mon enfant ! Hélas ! Vous ne me traînerez pas longtemps derrière vous !... Il me semble que je suis mort déjà avec l'ancêtre ! Sitôt que tu auras parlé, Jean, j'enverrai ma démission. Il n'y a plus de maison des juges !

Béatrice. — Marie-Louis, aussi, enverra sa démission... nous partirons tous ensemble.

Marie-Louis. — Non, Béatrice, moi je reste ici. Mais vous tous, partez, fuyez cette noire demeure où vous avez tant souffert. Moi, je veux la transformer... Un jour, vous reviendrez et vous ne la reconnaîtrez plus ! Elle ne ressemblera plus à une prison, vous la trouverez toute blanche, aussi blanche que l'autre était sombre, blanche comme une salle d'hôpital où l'air et la lumière entrent librement apportant l'espoir et la vie ! C'est ainsi qu'elle m'est apparue, cette nuit, pendant que nous veillions l'ancêtre. Il me la montrait et il me disait : « Voilà la maison que tu bâtiras sur ma tombe, mon petit Marie-Louis, quand tu m'auras enterré avec mes balances et mon glaive ! »... Dans cette maison nouvelle, je faisais entrer un enfant qui avait commis un crime, et je reconnus l'autre... celui que j'ai fait mourir !... Mais, dans mon rêve, il n'y avait plus d'échafaud !... Cet enfant, je le soignais, je m'attachais à lui faire comprendre l'horreur de son acte, et il m'écoutait avec docilité... Puis, je lui demandais de me raconter toute sa vie, non pour la lui reprocher, mais pour la mieux connaître... Je le voyais grandir sous mes yeux, dans une misère physique et morale, dont ni lui ni ses parents n'étaient responsables, et, à mesure qu'il grandissait, que l'envie s'emparait de son âme et qu'il subissait les atteintes du mal qui devait le conduire au crime, je voyais grandir un autre crime : celui de la société... Et la tâche que me traçait alors l'ancêtre était double : essayer de guérir cet enfant, puis, avertir la société. Car, qui donc mieux que nous, qui approchons ses victimes, pourrait lui donner d'utiles conseils pour diminuer dans l'avenir sa part de responsabilité... Ainsi, dans mon rêve, la faisions-nous profiter de notre triste expérience de la clinique judiciaire. Car étions-nous encore des juges ? Je ne sais ! mais nous nous faisions pardonner ce nom-là en étant aussi craintifs et anxieux de l'erreur dans l'éclat public des enquêtes que les plus grands savants dans la clarté des laboratoires ! Quel rêve ! Quelle nuit devant ce cadavre et quel silence !... Quel retentissant silence ! J'entendais la voix de l'ancêtre qui t'a ordonné, à toi, Jean, de dénoncer le passé, qui me commandait, à moi, d'annoncer l'avenir ! « Toute la nuit du passé, me criait-il, est pleine de ce mot : le châtiment ! Qu'importe que l'on ait aboli la torture et qu'on supprime demain la peine de mort si toute la loi humaine continue à être viciée par ce mot de droit divin : le châtiment ! Brise donc la loi antique et, sur la table de la loi nouvelle, écris le mot : régénères !... » Ah ! Jean ! je suis sorti de cette chambre ivre de force et d'espérance. Moi, si faible, moi, infirme, je me sentais devenir droit, et beau ; et invincible. L'ancêtre, pour racheter son crime me donnait la force de Samson, me conduisait lui-même dans leur palais obscur que je secouais d'une épaule tellement forte que, par les crevasses « Ils » voyaient enfin apparaître un rayon du grand soleil des cieux !

RIDEAU

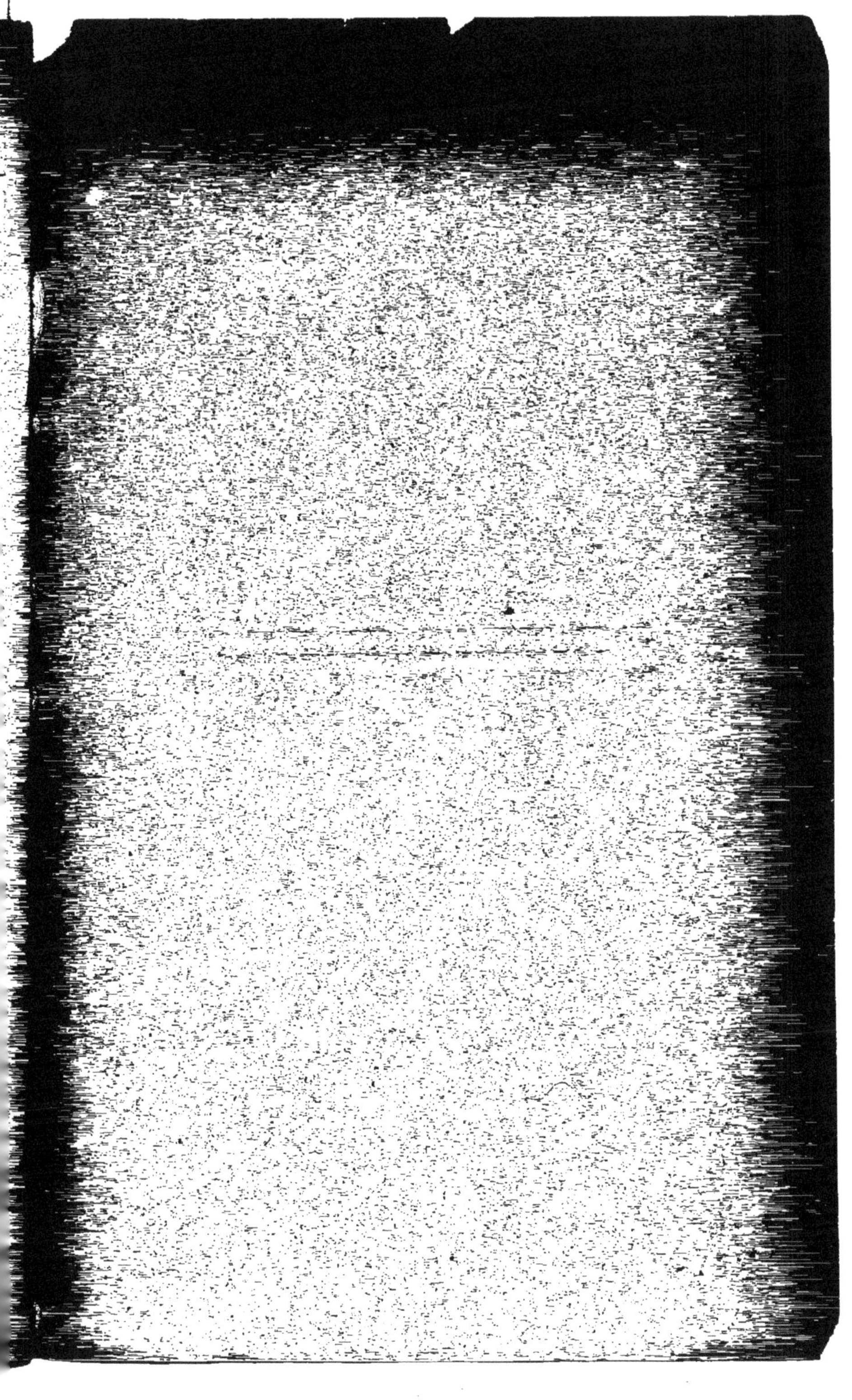

Imp. de *L'Illustration*, 13, rue Saint-Georges, Paris.

www.ingramcontent.com/pod-product-compliance
Ingram Content Group UK Ltd.
Pitfield, Milton Keynes, MK11 3LW, UK
UKHW020203200726
13856UKWH00003B/1177